和秋叶一起学

秒懂短视频运营

秋叶 黄洁 张莹 著

人民邮电出版社
北京

图书在版编目（CIP）数据

秒懂短视频运营 / 秋叶，黄洁，张莹著. -- 北京：人民邮电出版社，2023.6（2024.4重印）
ISBN 978-7-115-61154-3

Ⅰ．①秒… Ⅱ．①秋… ②黄… ③张… Ⅲ．①网络营销 Ⅳ．①F713.365.2

中国国家版本馆CIP数据核字(2023)第053401号

内 容 提 要

如何从短视频运营新手变高手？本书主要讲解短视频运营的各种方法和技巧，帮助读者快速上手短视频运营，创作出自己的作品。

本书共 6 章，包括新手入门、账号运营、内容运营、流量运营、商业变现和危机处理等内容，收录了 60 种短视频运营常见问题的解决方法和技巧。每个方法和技巧都配有详细的图文操作说明，帮助读者高效了解和掌握短视频运营方法和技巧。

本书内容从易到难，语言通俗易懂，适合短视频运营从业者，以及对短视频创作和运营感兴趣的初学者阅读。

◆ 著　　秋叶　黄洁　张莹
责任编辑　罗芬
责任印制　王郁　胡南

◆ 人民邮电出版社出版发行　北京市丰台区成寿寺路11号
邮编 100164　电子邮件 315@ptpress.com.cn
网址 https://www.ptpress.com.cn
临西县阅读时光印刷有限公司印刷

◆ 开本：880×1230　1/32
印张：5.5　　　　　　　　　　2023年6月第1版
字数：153千字　　　　　　　　2024年4月河北第7次印刷

定价：49.90元

读者服务热线：(010)81055410　印装质量热线：(010)81055316
反盗版热线：(010)81055315
广告经营许可证：京东市监广登字 20170147 号

前言

这是一本适合"碎片化"学习短视频运营方法和技巧的图书。

市面上大多数的短视频运营类书籍,内容偏"学术",不太适合初学者"碎片化"阅读。对于急需提高短视频运营水平的初学者而言,并没有很多的"整块"时间去阅读、思考、记笔记,更需要的是可以随用随翻、快速查阅的"字典型"技能类书籍。

为了满足初学者的需求,我们编写了本书,对初学者关心的痛点问题一一进行解答,希望能让读者无须投入过多的时间去思考、理解,翻开书就可以快速查阅,及时解决短视频运营中遇到的问题,真正做到"秒懂"。

本书具有开本小、内容新、效果好的特点,围绕"让学习变得轻松高效"这一宗旨,根据短视频运营初学者的"刚需"设计内容,让读者看完每一节内容都能有所收获。

因此,本书在撰写时遵循以下两个原则。

(1)内容实用。为了保障内容的实用性,书中所列的每一个方法和技巧都来源于真实的应用场景,汇集了短视频运营的常用方法,并重点解决初学者在学习与应用上的痛点、难点。同时,为了使本书更实用,我们还广泛且深入地调研了抖音、快手上的各种热点方法和技巧,并根据初学者的认知规律与学习特点进行优化设计与编排。

(2)查阅方便。为了方便读者查阅,我们将收录的方法和技巧分类整理,使初学者一看到标题就知道用什么知识点可以解决什么问题,有效破除初学者不懂"专业术语"的学习屏障,使初学者不仅可以"边用边学",还可以"边学边练"。

我们希望本书能够满足读者的"碎片化"阅读需求,能够帮助读者及时解决短视频运营中遇到的问题。

做一套好图书就是打磨一套好产品。希望"秋叶系列图书"能得到读者发自内心的喜爱及推荐。我们将精益求精,与读者一起进步。

最后,我们还为读者准备了一份惊喜!微信扫描下方二维码,关注并回复"秒懂短视频运营",可以免费领取我们为本书读者量身定制的超值大礼包。

30 多个创意 AI 短视频创作工具和使用教程
1 万条优质短视频幽默"段子"
1 万条短视频标题及文案句子
30 个短视频拍摄通用脚本
"秋叶"短视频运营自查清单
"秋叶"最新版视频号运营教程(1000 页)

还等什么?赶快扫码领取吧!

目录 CONTENTS

▶ 第1章　新手入门：快速吃透短视频运营　/ 001

1.1　踩对风口到底有多赚钱　/ 002

01　了解趋势：现在都在做短视频，短视频真的能挣钱吗　/ 002
02　抓住风口：普通人如何抓住短视频红利，赚到钱　/ 004
03　选对平台：入行短视频，如何正确选择高回报平台　/ 007

1.2　优秀短视频运营者的基本素养　/ 014

01　能力模型：优秀的短视频运营者，需要有哪些能力　/ 015
02　运营流程：短视频运营的基本流程是怎样的　/ 016

▶ 第2章　账号运营：从0到1打造"爆款"短视频账号　/ 020

2.1　快速"涨粉"变现，定位是关键　/ 021

01　了解领域：新手做账号毫无头绪？推荐9个领域　/ 021
02　选对领域：不知道选择哪一个领域？3个选择策略教会你　/ 023
03　确定形式：不知道选择哪一种内容形式？5种形式任你选　/ 024

2.2　提高用户关注度，4招引人注目　/ 027

01　账号名称：如何给账号取名，让你的名字自带流量　/ 027
02　头像选择：如何选择合适的头像，让你的账号更吸引人　/ 029
03　简介设计：如何写好账号简介，让人看到就想关注　/ 032
04　人设打造：如何打造账号的人设，让用户快速记住你　/ 034

2.3　会用数据说话，运营心中有数　/ 037

01　数据指标：播放量总上不去？必须学会看这 4 个数据指标　/ 037

02　数据网站：不知道在哪儿查数据？试试这几个数据网站　/ 039

▶ 第 3 章　内容运营：打造"爆款"短视频的四大秘籍　/ 043

3.1　确定好选题就成功了一半　/ 044

01　选题准则：如何找到"爆款"选题？教你 4 个选题准则　/ 044

02　找好选题：不知道拍什么？教你 4 个锁定合适选题的方法　/ 048

03　搭建选题库："日更"太难？教你快速产出 100 条选题　/ 052

3.2　你和"爆款"的差距可能只在标题　/ 054

01　标题模板：不会起标题？十大"爆款"标题模板直接套　/ 054

02　标题神器：标题没流量？自带流量的标题一键生成　/ 057

3.3　不会写脚本，范例模板用起来　/ 059

01　脚本拆解：脚本没灵感？试试拆解对标账号，从模仿到超越　/ 059

02　脚本结构：脚本不会写？快记住这 8 种短视频脚本结构　/ 063

03　开头话术：用户没兴趣？学会黄金 3 秒快速吸引用户　/ 065

04　冲突设置：用户没停留？学会设置冲突引发用户好奇心　/ 066

05　互动话术：视频没互动？10 种互动话术吸引用户评论　/ 068

06　创作素材：脚本没素材？10 个网站帮你快速打开脑洞　/ 068

3.4　视频上热门，发布方式很关键　/ 073

01　发布文案：视频曝光量不够？试试这样写发布文案　/ 073

02　发布时间：短视频没播放量？可能是你的发布时间不对　/ 075

03　评论维护：如何让视频曝光量"蹭蹭"涨？5 个技巧促进粉丝互动　/ 075

第4章 流量运营：从0粉丝到百万粉丝的"逆袭"指南 /077

4.1 5个推广技巧让视频流量翻倍 /078

01 私域扩散：视频没人看？通过私域扩散快速冷启动 /078
02 内容投放：想快速出"爆款"？试试用付费流量撬动免费流量 /081
03 分发曝光：想放大收益？学会做多平台分发让曝光量翻倍 /085
04 活动加热：没流量不"涨粉"？两招教你官方流量免费拿 /087
05 热点推广：想出大流量"爆款"视频？热点就是最大流量池 /091

4.2 五大引流策略让账号快速"吸粉" /097

01 评论曝光：不会借力？在他人评论区互动也能给自己引流 /097
02 私信引导：想要快速"涨粉"？不要小看私信消息引流 /099
03 SEO引流：希望得到多流量曝光？试试优化视频关键词 /101
04 直播"吸粉"：想抓直播红利？做好这几点，用户主动关注你 /103
05 互推方法：流量遇瓶颈？学会账号互推成倍加速粉丝增长 /106

4.3 四大私域导流方法，让粉丝更值钱 /107

01 社群搭建：粉丝难留存？3招教你搭建私域粉丝群 /107
02 主页引导：引导粉丝加你微信？主页4个细节不要遗漏 /110
03 直播导流：直播导流至私域难？5招实现私域高效"涨粉" /113
04 裂变增长：短期内想要爆发式获客？教你3种裂变玩法 /116

第5章 商业变现：深度挖掘短视频的变现价值 /118

5.1 选好品卖"爆"货 /119

01 带货疑惑：自己没有货源可以带货吗？当然可以 /119
02 方式选择：带货短视频不会拍？试试这5种带货玩法 /121

03 带货策略：商品转化率不高？3 个策略让你卖到"爆" / 125

5.2 接广告赚收益 / 130

01 广告渠道：想接广告赚钱？主动了解这些接广渠道 / 130

02 报价策略：接短视频广告如何报价？这三大坑一定要规避 / 131

03 创意植入：广告植入太生硬？五大策略让"种草"效果翻倍 / 134

5.3 会引流才会赚钱 / 135

01 获客策略：实体店没客源？3 招教你玩转商家引流号 / 136

02 客源增长：实体店引流没效果？做好这 3 点让你获客翻倍 / 139

5.4 其他变现方式 / 143

01 直播变现：直播变现有哪些方式，哪一个更适合你 / 143

02 知识付费：知识 IP 如何做短视频知识付费，放大收益 / 146

第 6 章 危机处理：常见运营危机应对策略与"避雷"指南 / 151

6.1 5 个常见运营危机处理 / 152

01 违规预警：账号收到违规预警？教你两步消除预警 / 152

02 限流解封：账号被限流？做好这 3 点快速恢复播放量 / 154

03 抄袭危机：辛苦创作的作品被抄袭？3 招教你维权处理 / 155

04 侵权风险：运营中面临侵权风险？这样应对避免纠纷 / 159

05 "黑粉"攻击：遭遇"黑粉"攻击？3 个妙招教你"反黑" / 160

6.2 三大运营"避雷"指南 / 162

01 行为规范：这些内容可能被判定为违规，一定要规避 / 162

02 发布准则：短视频数据不理想，不建议重复发布 / 165

03 违规检测：用好这 3 个敏感词监测工具，可有效"避雷" / 166

秒懂短视频运营

第 1 章
新手入门：快速吃透短视频运营

近几年来，短视频行业异军突起，市场占有率节节攀升，越来越多的人开始"入局"短视频。但不少用户会有疑惑：作为素人，如何"入局"短视频才能赚到钱？短视频运营到底需要哪些能力？等等。本章将从"短视频风口"和"优秀短视频运营人的基本素养"两个方面，帮助运营者全面地了解短视频。

1.1 踩对风口到底有多赚钱

不少人都说短视频是风口，能赚钱，但普通人究竟如何抓住风口，"入局"短视频运营呢？

01 了解趋势：
现在都在做短视频，短视频真的能挣钱吗

如果要问人们闲暇时最喜欢干什么，相信很多人都会回答同一件事情——"刷短视频"。

不知不觉，短视频已经成为日常生活中必不可少的信息媒介。调查显示，短视频应用的人均单日使用时间长达 125 分钟，超过半数的人每天都会刷短视频。不论在哪儿，都随处可见不同年龄段刷着短视频的人。

短视频其实已经不是一个新鲜的词了，它已经连续火爆了好几年。据中国互联网络信息中心（CNNIC）第 49 次《中国互联网络发展状况有统计报告》统计，截至 2021 年 12 月，短视频用户规模达 9.34 亿，较 2020 年 12 月增长 6080 万，占网民总数的 90.5%，如下图所示。

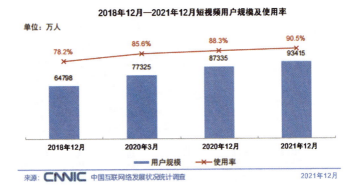

从图中可以看到,短视频的势头越来越猛,也就是说目前短视频行业还是处在红利期,只是可能相对于发展初期,对内容质量的要求略有提升,需要我们短视频运营者有专业的运营思维与技巧。

那现在做短视频真的能挣钱吗?

用做生意的本质来讲,"有人的地方就有流量,有流量的地方,就能挣到钱"。

1 短视频催生大量新职业

短视频的快速增长催生出大量新职业,从运营岗、技术岗、策划岗到管理岗,给求职者创造了更多选择机会。短视频相关职业如下表所示。

短视频相关职业表

类别		职业
平台求职	运营类	短视频运营、直播运营、用户运营
	技术类	短视频编导、剪辑师、摄影师、演员、主播
	策划类	短视频策划、直播策划、文案策划
	管理类	短视频主管、直播主管
个人	个人自媒体	自媒体创业/副业

在新一线城市,例如成都、武汉、西安,首次从事短视频相关职业的起薪就在 5000 元到 8000 元。如果你在这个领域深耕,成为专家,薪资更会成倍增长。据中央电视台财经频道报道的数据显示,"95 后"在职业选择上非常喜欢"扎堆"互联网,短视频制作、直播带货备受热捧。北京某短视频制作公司负责人表示,好的短视频编导年薪近 100 万元,刚刚入门的编导年薪也能超过 10 万元。

2 短视频给普通人带来"逆袭"的机会

短视频风口不仅带来求职就业的新机会,还给更多普通人带来了"逆袭"的机会。不少普通人将短视频作为副业、爱好,成功抓住短视频风口,"逆袭"成为"网红"。例如,抖音爆火的 @张同学,通过抖音记录农村生活,没有任何团队,仅靠一人完成短视频的策划与制作,凭借独特的视频风格,两个月就收获了 1000 万粉丝;"00 后"

大学生@王志猩，靠拍段子"逆袭"成为网红，月流水高达70万元。诸如此类的爆火案例在互联网上非常常见，不少普通人通过短视频快速"出圈"，得到大众的喜爱。

3 "短视频+"成为热门营销手段

无论你是普通人、商家还是领域专家，不可否认，短视频已经成为一种热门营销手段，商业价值逐步提升，如下图所示。

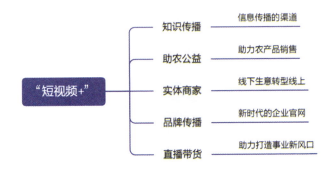

02 抓住风口：
普通人如何抓住短视频红利，赚到钱

很多人都在说短视频是风口、能赚钱，但作为一个"素人"，到底怎么做才能赚到钱呢？本节我们一起盘点短视频的6种赚钱模式，看看哪一种适合你。

1 流量变现

短视频平台为了吸引更多优质的内容创作者，往往会有一定的流量补贴或者现金奖励。比如西瓜视频的中视频伙伴计划、"万元月薪"计划，抖音的各种全民任务，快手的"快手农技人"、青云计划，哔哩哔哩的新星、知识分享官等计划。创作者积极参与活动，不仅可以获得流量扶持、现金奖励，还有各种平台认证的优先权。

除此之外，还有一些短视频平台发视频就能赚取流量收益。虽然新手有一定的门槛，但这也是非常直观的一种变现方式。例如，拥有优质认证的西瓜视频原创作者,一条播放量为 1 万的原创视频就能获得 20～100 元不等的收益。这类可以直接赚取流量收益的平台还有头条号、企业号、大鱼号、知乎视频等,平台通常都设置有一个新手期,当用户达到一定的创作等级要求,只要发布的视频有播放量,就能获得对应的流量收益,播放量越大,对应的收益也会越高。

2 电商变现

短视频是电商平台的一个非常好的入口。你一定有这样的体验:过去买东西可能是因为你有需求,所以才去淘宝搜索你要购买的商品;但如今身处短视频电商时代,你会发现,即使你不想买任何东西,但你在浏览短视频时,看到好的产品,还是会点击短视频下方带的链接,直接完成购买行为。

在这个短视频盛行的时代,用户的消费场景其实在潜移默化地变化。短视频运营者如果能结合产品创作出激发消费者购买欲的内容,就能赚到不错的收益,甚至不需要露脸,直接拍摄产品细节,将购买链接挂上购物车,就能吸引到有需求的用户下单购买。

值得注意的是,短视频的传播力是非常强大的,所以一旦视频成为了"爆款",就能赚取非常不错的收益。例如,我们运营的账号"秋叶 PPT",一条"爆款"视频就实现了 1000 多本 PPT 类图书的销售,当时仓库直接"爆单",连夜补货。所以,只要我们能持续按高标准创作内容,就很有可能持续生产"爆款"短视频,带来不错的收益。

3 广告变现

短视频已经成为广告主争先恐后地争抢的一块宝地,许多品牌都在与短视频达人合作做产品推广。对于短视频运营者来讲,如果想要接广告,可能需要达到一定的门槛,比如账号需要有一定的粉丝量,但如果达到要求,所得的收益也是非常高的。有些拥有百万粉丝的抖音"网红"账号,一条广告的报价就接近 10 万元。当然,普通人也不是没有机会,以抖音平台为例,只要账号粉丝量突破 1 万,就能入驻"星图平台",通过接广告任务来赚钱。像小红书这种强"种草"属性的平台,甚至粉丝量过千就能接到广告,赚取内容推广收益。

4 知识付费

"知识付费"这个词最近比较流行,这种变现方式近年来也逐渐被大众认可。当我们在某个领域内有一定的知识积累,就可以将知识输出为课程、书籍或是社群陪伴,如果能打磨好产品,后期就可以反复销售,实现"睡后"收入。比如,我们经常在抖音上看到教师资格考试知识点、教穿搭、教画画、教美妆、教做手工的短视频,它们以学知识、学技能的形式吸引用户,当用户有系统学习的欲望,就引导用户买课、报班,为知识付费。

5 引流变现

如果你的目标是获取精准的客源,短视频也是非常有效的获客方式。我们可以通过各种途径将公域平台(例如抖音、快手)的用户引流至私域的个人微信或社群,通过个人微信或者社群反复触达用户,带来成交。我们运营的抖音账号"秋叶 Word"的一条"爆款"视频,成功将 3000 多个粉丝引流到粉丝群,如下图所示,通过群内的互动触达,短短几天就变现了 2 万元。

第 1 章 · 新手入门：快速吃透短视频运营

这种方式比较适合有产品的商家或个人，例如微商、实体店，将短视频作为一个引流渠道，把公域平台上的粉丝引流到私域的微信或者微信群，由此带来高效的成交与高频的复购。

6 团购达人

在抖音上，还有一个门槛较低的变现模式，叫作"团购达人"，很适合"素人"博主使用：你在抖音发布带商家定位或团购信息的视频之后，当有用户通过你的视频，点击进入位置详情页，成功购买商品消费券并完成到店使用，你就可以获得佣金。

目前，这个模式下，平台支付给博主的佣金在 10% 左右，一条播放量一两万的视频就有可能带来几千元的收益。例如，你去一家餐厅吃饭，顺手拍了一条短视频，带上了团购链接，结果用户通过点击你的视频链接购买了团购消费券并完成消费，这样，你就能获得一笔佣金。如果这份套餐 128 元，你通过这条视频卖出 100 份，一条视频你大概就能赚 1200 多元。

团购达人变现，只需要满足账号拥有不少于 1000 个粉丝的要求。开通方法也很简单，抖音搜索"团购达人中心"，点击进入"团购达人中心"，申请开通即可。目前还支持以直播的形式来卖团购商品，获得返佣奖励，也就是说你甚至不用出门做测评，在家直播就能卖优惠券，用户下单并完成消费，你就能赚取收益。

03 选对平台：
入行短视频，如何正确选择高回报平台

不是每一个平台都值得入驻，作为短视频运营者，选择适合自己的平台，才是获取高回报的关键。

短视频平台有很多，主流短视频平台及其特点如下页表所示。

主流短视频平台及其特点

视频类型	平台	平台特点
短视频 （<1分钟）	抖音	流行时尚文化
	快手	真实、普惠、接地气
	视频号	包罗万象的表达空间
	抖音火山版	接地气、搞笑
	秒拍	新潮短视频分享
	微视	文娱潮玩社区
	……	
中视频 （1～30分钟）	哔哩哔哩	二次元起家的多元化社区
	西瓜视频	原创生活中视频
	微博视频号	娱乐八卦、生活资讯
	小红书视频号	小资高质文化
	好看视频	百度旗下知识分享社区
	……	

按照视频时长来划分，我们常说的短视频平台其实可以分为"短视频平台"和"中视频平台"。"短视频平台"即以抖音为主流的视频时长多在1分钟以内的视频内容平台，例如抖音、快手、视频号、抖音火山版、秒拍、微视等。"中视频平台"则是指主推1分钟以上、30分钟以内视频内容的平台，例如哔哩哔哩、西瓜视频、微博视频号、小红书视频号、好看视频等。"中视频"这个新概念是西瓜视频总裁任利锋在2020年提出的。对我们短视频运营者来讲，广义上的短视频平台也包含中视频平台，都是我们可以选择深耕的视频内容平台。

很多短视频运营者在选择平台的时候都有一个误区：哪个平台用户多我就选哪个，别人选哪个平台火我就选哪个。其实，短视频平台的选择主要看以下两个指标。

- **目标用户**：找与你的需求匹配的用户。
- **自身需求**：不是看别人火不火，还要看投入产出比大不大。

不同平台的用户属性、内容生产与变现方法分别有什么不同呢？下面给大家介绍七大主流短视频平台，看看哪一种适合你。

1 抖音：流行时尚文化

抖音是由字节跳动孵化的一款音乐创意短视频社交软件。平台的主流文化为流行时尚新潮，主推 15~60 秒的快节奏短视频。据有关数据统计，2022 年，抖音的日活用户已突破 7 亿，抖音已成为国内最大的短视频平台。抖音的用户中，一二线城市的中等收入群体、年轻女性居多，平台主要的变现模式为广告、电商、平台活动、流量分成。

抖音作为短视频领域的"超级 App"，无论是在用户量级还是在后端服务上都有很强的优势，因此该平台对内容的要求也相对较高。抖音的流量是目前短视频平台中最大的，如果你有比较好的团队，不惧怕抖音激烈的竞争，那么抖音无疑是首选的创作平台。

2 快手：真实普惠接地气

短视频平台中一直有这样的说法——"南抖音北快手"，意思就是南方流行抖音，北方流行快手，抖音和快手一直都是国内短视频的两大巨头。和抖音不一样的是，快手的用户主要来自三四线城市下沉市场，所以快手的风格更加真实、豪放、接地气，盛行"老铁文化"，博主都直呼粉丝"老铁""家人"。快手在视频创作上，更注重用户的表达需求，正如快手的 slogan（广告语）"拥抱每一种生活"，在快手里，无论是打工生活还是乡村趣事，每一种生活都可以被更多人看见，因此它对内容的质量要求相比于抖音要低一点。

快手的日活用户约有 3.4 亿，平台主要的变现模式和抖音一样，即广告、电商、平台活动、流量分成。如果你的目标用户在三四线城市，追求真实接地气的内容，快手平台就是不错的选择。

3 视频号：先天社交优势

微信视频号是 2020 年 1 月 22 日腾讯公司正式宣布开启内测的内容记录与创作平台。它不是独立的 App，而依托于有着 10 亿日活跃用户的微信 App，它的入口在微信的发现页内，就在朋友圈入口的下方。

下页表对比了视频号与抖音和快手平台的特征。在分发机制上，视频号与抖音、快手不同，除了算法推荐外，视频号的核心算法还有"社交推荐"。通俗来讲，就是你朋友给你的视频点赞，你朋友的朋友也有机会看到这条视频，以此类推，在社交圈逐层传播。

此外,视频号背靠微信生态,在引流变现上有非常大的优势。也就是说它可以直接连接微信内的微信个人号、社群、朋友圈与公众号,在微信生态的自由传播。换作其他短视频平台,这都是不被允许的。

相比于抖音、快手视频内容的饱和性,视频号对内容质量的要求相对较低,普通人有更多出圈的机会。如果你想在微信生态赚钱,不要错过视频号这个平台。

视频号、抖音、快手平台的对比

平台名称	视频号	抖音	快手
展现形式	全屏式滑动视频	瀑布流式滑动视频	双列式滑动视频
分发机制	社交推荐+算法推荐	算法推荐	算法推荐

第1章 新手入门：快速吃透短视频运营

续表

平台名称	视频号	抖音	快手
微信支持	可加公众号链接 可加企业微信	不允许加微信	不允许加微信
微信传播支持	微信全生态直接视频传播	外链折叠传播	微信小程序传播
变现方式	广告、电商、平台活动、流量分成	广告、电商、平台活动、流量分成	广告、电商、平台活动、流量分成
用户生态	20~40岁人群较活跃，一二线城市活跃用户较多	一二线城市年轻用户居多	下沉市场用户多；三四线城市用户居多
创作者生态	人人都有机会参与	对优质内容创作者友好	头部账号多诞生于基层

4 小红书：天然"种草"社区

小红书是一个生活方式社区，一开始，用户注重在社区里分享海外购物经验，到后来，除了美妆、个人护理，小红书上出现了关于运动、家居、旅行、酒店、餐馆的信息分享，触及了消费经验和生活方式的方方面面。千瓜数据（一个数据分析网站）显示，2022年小红书的月活跃用户已达2亿，其中"90后"用户占比72%，一二线城市用户占比50%，分享者有4300多万人。目前小红书用户有六大标签：Z世代（出生于互联网时代，深受数字信息影响的人）、新锐白领、都市"潮人"、单身贵族、精致妈妈、享乐一族。这部分群体有极强的购买力，乐于为喜爱的产品付费，因此小红书有着天然的"种草"属性。

过去，小红书的主流内容为"图文笔记"，随着短视频的快速发展，小红书也上线了视频功能，同时推出了"小红书视频号"，下页图所示为小红书视频号的招募页。官方给出百亿流量扶持"视频笔记"，鼓励"素人"博主和其他视频平台的优质创作者入驻，按照官方要求发布视频就能获取流量扶持。和抖音、快手偏好60秒以内的短视频不同，小红书平台希望短视频运营者可以创作出1分钟以上、15分钟以内的视频内容。

小红书的内容推荐机制和抖音、快手类似，即根据内容标签，通过算法推荐给相匹配的用户群体。但和抖音、快手相比，小红书的用户更喜欢搜索，而不是像抖音用户一样"闲逛"娱乐。所以作为短视频运营者,可以选好关键词,抢占关键词,以实现更多用户搜索渠道的曝光。

目前,小红书对"素人"博主相对友好,0粉丝也能免费拿商品做推广,粉丝量大于1000就能入驻"小红书蒲公英",实现接广告变现。如果你还不知道从哪个平台入手,小红书是不错的选择(平台迭代较快,以实际为准)。

5 微博视频号:微博营销的先天优势

与小红书视频号类似,微博在2020年也推出了"微博视频号"。用户开通视频号后可以获得扶持,其中包括账号成长、产品服务及商业变现等一系列的服务支持和权益。

微博视频号的主要受众群体是"90后"和"00后",总占比接近80%,用户结构呈现年轻化趋势。用户在微博常看娱乐、社会资讯、情感类内容,一些 Vlog、游戏、美妆、数码领域的视频号比较受关注。目前,微博从广告代言、内容付费、电商、平台补贴 4 个方面共同发力,助力优质创作者提升影响力并通过社交资产真实获益。

微博作为一个拥有超强传播力的社交媒体,一直是中国互联网上有广泛影响力的舆论广场,在营销上有着先天的优势。一个博主想要全网"破圈",微博是不可或缺的营销阵地。比如在哔哩哔哩爆火出圈的 @ 老师好我叫何同学,其一条视频,就让乐歌股份的市值上涨了 5 亿元,直接冲上微博热搜。这条视频在微博就获得了 17.9 万的转发,大部分播放量来自非粉丝,这大大加快了他的"破圈"。

6 哔哩哔哩:年轻人文化社区

哔哩哔哩网站,英文名称为 bilibili,现为中国年轻人高度聚集的文化社区和视频平台。哔哩哔哩早期是一个动画、漫画、游戏内容创作与分享的视频网站,经过 10 年多的发展,该网站已经演变为涵盖 7000 多个兴趣圈层的多元文化社区。

2022 年,哔哩哔哩月活用户已经达到 2.9 亿,平台一直保持着高活跃度和高黏性。用户平均年龄 22.8 岁,大学生用户比例高。用户主要聚集在一二线城市,并且付费意识强。在哔哩哔哩上,围绕年轻人的潮流生活、日常学习、娱乐文化,有着大量的内容输出与弹幕讨论。无论是比较大众的动画、时尚、电影评论,还是非常小众的乐器教学或量子物理,哔哩哔哩几乎涵盖了"Z 世代"生活的方方面面。

如果你擅长更深层次的知识分享,够有趣,一定能在哔哩哔哩找到更多志同道合的朋友,收获更多商业变现机会。

7 西瓜视频:抢占"中视频"市场

西瓜视频是字节跳动旗下的中视频平台,以"点亮对生活的好奇心"为 slogan。如果说抖音、快手争夺的是竖屏市场,那西瓜视频和哔哩哔哩争夺的就是横屏市场。西瓜视频总裁任利锋在"2020 西瓜 PLAY 好奇心大会"上提出了"中视频"的概念,并宣布未来一年将至少拿出 20 亿元用于补贴"中视频",发力做"中视频"赛道。目前西瓜视频的月活用户已经突破 1.8 亿,在发力"中视频"的种种举措的激励下,越来越多优质的内容、创作者被发现。

同样主攻横屏中视频的西瓜视频和哔哩哔哩有什么区别呢？下表对比了西瓜视频与哔哩哔哩的特点。不同于哔哩哔哩的以年轻用户为主，西瓜视频的用户年龄多分布在 20～40 岁，男性多于女性，且三四线城市用户居多，因此平台上的内容更大众化、接地气。从内容曝光途径的角度讲，西瓜视频的推荐算法比较强势，和抖音一样采用沉浸式视频浏览；而哔哩哔哩更注重搜索交互，用户在内容上更具有选择权。因此，哔哩哔哩的粉丝黏性比西瓜视频更强，博主更容易和用户产生深度链接。

哔哩哔哩与西瓜视频的对比表

平台名称	哔哩哔哩	西瓜视频
slogan	哔哩哔哩（°-°）つロ 干杯~	给你新鲜好看
视频形式	5分钟左右中视频横屏展示	5分钟左右中视频横屏展示
用户属性	喜爱二次元文化的垂直类人群 以年轻人为主力的群体	三四线城市用户居多
平台特色	年轻人文化社区、"学习人"	生活记录＋娱乐影讯
内容曝光途径	公域页面流量入口多 注重搜索交互 用户更具选择权 "UP主"具有更强的流量独占性	公域页面流量入口少 沉浸式视频浏览 推荐算法较为强势 用户与博主不易深度链接
流量推荐指标	分享＞硬币＝弹幕＝评论＝点赞＞收藏＞播放	完播率＞其他行为
运营策略	重视视频质量和互动行为	重视视频质量

1.2 优秀短视频运营者的基本素养

为什么专业的运营者做账号更容易成功，而"小白"时间也花了，却不见"涨粉"，也不见播放量？人人都想要抓住短视频风口，但想快速入门短视频，离不开正确的运营思路与能力修炼。

01 能力模型：
优秀的短视频运营者，需要有哪些能力

当前，短视频行业非常火爆，短视频需求量大、门槛低、待遇好，很多人都想加入其中。但作为一名优秀的短视频运营者，需要哪些能力呢？

1 内容生产与策划能力

短视频的内容是核心，短视频运营者需要具备内容生产和策划的能力，也就是能完成短视频选题、策划、创作和创意，生产出用户爱看的短视频。

通常要求短视频运营者对视频内容有一定的审美，能把控短视频的质量和调性。要特别注意的是，内容创作的本质是解决用户的问题，消除他们的焦虑，提供价值。短视频运营者一定要抛开"作者思维"，站在用户的角度创作内容，创作出真正有价值、有痛点、有共鸣的内容，否则，创作内容过度"自嗨"，只会导致账号没有播放量。

2 用户运营能力

用户运营指围绕用户的需求设置运营活动与规则，也就是通过运营手段提高用户的活跃度与忠诚度，把用户留下来，从而尽可能地达到预期运营目标，创造更多的价值与利益。例如设计福利，吸引用户关注、转发，评论区引导留言、互动，提升用户黏性，策划促销活动，提升账号转化等。

需要注意的是，短视频运营者首先要了解自己的用户，这样才能针对自己的用户进行分析，制定不同的运营战略与运营目标，达到更好的营销推广效果。比如某账号的用户属性是中年男性用户居多，如果用这个账号来推广女士小饰品，结果肯定是"扑街"，因为用户属性完全不匹配。只有根据用户属性对症下药，才能达到好的营销推广效果。

3 渠道运营能力

短视频运营不应局限于在一个平台发布内容，一个优秀的短视频

运营者需要有短视频内容分发思维，能通过各种有效的手段来推广短视频，扩大账号影响力。因此，短视频运营者需要了解各个平台的特点，并且能针对不同平台进行维护和分析，通过各种运营手段提升账号数据。

4 数据分析能力

做短视频运营不是凭感觉，以数据为指导做运营才是正确途径。如果短视频运营者能熟悉一些查看短视频数据的平台，通过检测短视频的数据，分析短视频各项运营环节，根据数据调整内容创作与运营策略，就可以更好地把控账号的运营方向。

5 商务沟通能力

在实际工作中，短视频运营工作还涉及与渠道、商家、广告主的大量沟通，所以基础的商务沟通和谈判技巧也是非常重要的。在这些场景下，短视频运营者代表的是账号的品牌形象，好的商务沟通能力是获取更多资源支持和达成进一步合作的关键。

6 商业洞察能力

商业洞察力是指透过表面现象精准地判断背后的本质的能力。简单来讲就是洞察短视频平台趋势，充分挖掘短视频平台的商业价值。

无论你是做个人自媒体还是企业职工，我们不能只满足于完成单一工作、实现单一层面的变现，还需要由点及面。例如，从策划一个短视频账号到布局整个短视频账号矩阵；从高效执行既定任务到综合思考问题、洞察新渠道、协调业务伙伴等，这样才能放大我们的商业变现价值。

02 运营流程：
短视频运营的基本流程是怎样的

提到短视频运营流程，不少新手可能会认为，就是做完短视频然后发布到短视频平台上。其实不然，我们看到的热门平台的短视频运营流程远不止于此,刚刚入门短视频领域的运营新手需要掌握一定的运营思路。下面我们一起捋一捋短视频运营的 5 项基本流程。

1 账号定位

短视频运营的起步阶段,第一要务是确定账号的定位。其实运营短视频和过去开店铺做生意的思路是一样的,如果我们将短视频运营看作开一家店铺,那账号定位就是决定你要开一家怎样的店铺,是包子铺、零食铺还是衣服铺。因此,账号定位可以理解为确定账号主攻的方向,例如美妆、美食、生活、才艺、职场、育儿等,我们需要看看哪一项更适合自己并且有变现价值。只有起步就想清晰做什么领域以及如何变现,才能保证我们的账号后期能真正赚到钱。

2 账号包装

回到经营店铺的场景,通常确定好店铺的主营方向后,店家往往会根据店铺主营方向对店铺进行装修,通过店铺名称、室内布局凸显品牌形象,让消费者产生良好的印象。做短视频运营也是一样的,当确定好账号定位后,我们就需要根据账号的定位做账号的包装。取一个容易被用户记住的名字,选一个吸引人的头像,写一段用户看见就想关注的个人简介。只有做好账号的包装,当用户"刷"到你的视频时,才更容易关注到你。

3 内容生产

做完账号的定位、包装之后,就可以开始生产和发布内容。我们通常看到的四五十秒的短视频实际上有 5 个重要生产步骤。首先是找选题,接着是写脚本,随后是拍摄与剪辑,最后是成片的发布。每一个步骤出现问题都可能影响短视频的曝光量。

选题可以理解为短视频的主题，选题好不好往往是短视频能否"上热门"的关键，所以每一个短视频团队都非常重视开账号选题会，挖掘"爆款"选题灵感。确定好选题后，就可以根据选题来写拍摄的大纲，我们称之为"脚本"，包含角色、台词、拍摄画面、运镜、景别以及服化道准备等内容。如果没有脚本作为视频拍摄与剪辑的依据，在拍摄时往往会出现各种各样的问题，例如忘词、串场等。当脚本写好后，就可以根据短视频脚本来拍摄与剪辑，制作出短视频成片，最后将短视频成片发布到对应的短视频平台上。需要注意的是，每一个步骤都有很多运营细节可能会直接影响短视频的曝光量，作为短视频运营者，需要掌握一定的运营策略与技巧。本书后面的章节会一一为大家介绍，防止大家"踩坑"。

4 运营推广

短视频发布完毕后，短视频运营者的工作其实还没有结束。如何"加热"已发布的短视频，如何提升短视频账号粉丝量，以及如何提升短视频账号的收益等，都是短视频运营工作中需要重点关注的问题。我们称之为"运营推广"，主要指以账号"涨粉"、变现为目标展开一系列的运营动作。以抖音平台为例，如果短视频的内容质量不错，可以通过"Dou+"给视频购买流量，实现更广泛的传播；如果短视频没有互动量，可以主动找话题"引爆"短视频评论区，争取到更多系统流量的推荐；如果粉丝黏性不高，可以策划福利活动吸引用户参与；

如果账号变现不理想，可以试试多挖掘变现渠道，比如直播带货、广告变现等。

5 数据复盘

数据复盘是短视频运营必不可缺的一个环节，内容好不好，变现好不好，平台都会用数据告诉你。短视频运营者需要根据账号的数据不断调整自己的运营策略，寻找"爆款"突破点。所以，日复盘、周复盘、月复盘对于短视频运营来讲是非常重要的，每一个短视频运营团队都得以数据为导向找到"爆款"突破点。

第 2 章
账号运营：从0到1打造"爆款"短视频账号

想要运营一个能快速"涨粉"变现的账号，关键的第一步，就是要选对定位。只有选对了定位，短视频平台才会将你的账号推送给精准的用户，让你的账号获得更多关注。本章将从"账号领域选择""账号包装""短视频数据分析"3个方面，帮助运营新手走上短视频运营的道路。

2.1 快速"涨粉"变现,定位是关键

不少新手一开始做账号毫无头绪,凭心情随意发布,今天发美食,明天发美妆,导致账号不"涨粉"、变现难。其实,想要账号能变现,前期精准定位是关键,本节从 3 个维度教你如何找准账号定位。

01 了解领域:
新手做账号毫无头绪?推荐 9 个领域

想要账号能长久发展,一定要选对方向,沿着好的方向一直走,才能事半功倍。新手想要进军短视频行业,可以选择哪些领域呢?这里推荐 9 个适合新手入局的领域,看看哪一种适合你。

1 美食类

民以食为天,吃是老百姓最重要,也是最关心的事情。所以,在短视频领域,美食类短视频自然也会迅速吸引人们的注意力。在很多的短视频平台,许多人正在通过创作美食类短视频的方式获得关注,常见的美食类短视频主要有 4 种类型:美食探店、美食制作教程、乡村生活美食、吃播等。

2 美妆类

对于爱美人士来说,美妆护肤也是日常生活的重点。这类短视频的热度绝不亚于美食类短视频。美妆类短视频主要可分为美妆评测、美妆教学、护肤保养、妆容展示这 4 种。这类短视频的用户以女性为主,普遍追求高质量生活,消费能力也较强。所以这类短视频只要能建立起用户的信任,就能带来不错的变现收益。

3 穿搭类

服装搭配是一个永不过时的话题,因此穿搭类短视频的受众非常广泛。常见的穿搭类短视频主要有 3 种：穿搭合集、场景化穿搭、穿搭教程。运营者可以选择真人出镜，讲解穿搭技巧；也可以选择不露脸，只拍摄穿搭效果；甚至可以直接做图文形式的穿搭合集。只要你的内容对用户有参考价值，就能精准吸引来许多粉丝。

4 职场类

职场无疑是每个成年人最熟悉的领域，所以职场类短视频也一定有非常广泛的受众。常见的职场类短视频主要有 3 种：职场情景剧、职场经验分享、职场技能提升。职场类短视频可以从职场中常见的问题出发，比如职场中必须掌握的技能、和领导及同事共事的方法等，以此和用户产生共鸣。

5 教育类

随着"短视频＋教育"风潮来袭，教育领域的短视频内容也越来越多。一方面，由于教育机构的扎堆涌入，另一方面，短视频平台自身也需要更有价值的内容，因此短视频平台向教育行业张开怀抱是顺理成章的事情。教育类短视频通常会将一个专业的知识点进行浓缩，通过简短的视频内容进行呈现。在观看这类短视频的过程中，用户能够更好地学到知识，快速拥有收获感。

6 母婴类

母婴类短视频之所以在短视频平台上如此火热，源于"母婴"这个领域非常垂直，用户观看此类短视频的需求和目的非常明确。母婴类短视频通常可分为以下几种：婴儿辅食、育儿指南、宝宝好物推荐等。母婴类短视频主要面向孕妇、孕妇家属及孩子 0 到 3 岁的新手父母，他们没有现成的育儿经验，需要学习大量的育儿知识，这也凸显了母婴类短视频的价值所在。

7 健身类

如今，人们越来越追求健康生活，健身类短视频也逐渐受到用户喜爱。健身类短视频既可以采用录播，也可以采用直播的形式，通常可分为以下几种：健身知识科普、健身动作教程、健身好物推荐等。

运营者可以通过简单实用的健身知识，吸引用户点击收藏，从而建立和用户的信任关系。

8 影视类

影视类短视频主要基于已有的影视内容进行二次加工。常见的影视类短视频有影视解说、影视推荐、影视感悟等。做影视类短视频，需要格外注意的一个问题就是影视版权，这其中涉及平台、内容制作者、影视剧制作方和用户等多方面的利益。我们更建议制作原创作品，尽量不涉及版权的纠纷。

9 萌宠类

养宠物的人越来越多，没有养宠物，但喜欢看宠物的人也越来越多，因此，宠物类短视频冲出重围，成为深受很多短视频用户喜欢的一类短视频内容。常见的宠物类短视频有宠物日常、宠物剧情、宠物搞笑配音等。宠物类短视频面对的用户以年轻的养宠人为主，这一人群愿意与宠物建立亲密的情感联结，同时，他们的宠物消费理念也在不断升级，精细化养宠物的需求越来越普遍。

02 选对领域：
不知道选择哪一个领域？3个选择策略教会你

了解完9个领域之后，运营新手应该如何做选择呢？这里给运营新手推荐根据兴趣特长做选择、参照用户需求做选择和根据变现方向做选择这3个选择策略。

1 根据兴趣特长做选择

作为短视频运营的新手，在选择短视频领域时，首先可以从自己的兴趣特长出发。可以思考一下自己热衷，且取得过好结果的事情。围绕自己擅长的事情创作内容，一定是更轻松的。同时，利用兴趣特长来选择视频领域的话，运营者更容易坚持，也更能创作出优质的内容。

2 参照用户需求做选择

在进行短视频运营的定位时,一定要明确"我的目标用户是谁,以及我能给我的目标用户带来什么价值"。唯有深入地了解用户,才能创作出用户真正喜欢的视频内容。定位时,我们可以思考我们的用户在哪儿、多少岁、分布在哪些城市、有哪些兴趣爱好,通过思考用户的真实需求来确定我们的领域、方向。

3 根据变现方向做选择

一开始做短视频,我们就要思考如何变现,只有明确变现目标,才能保证我们的账号在运营过程中不至于偏移方向。

如果是自有产品的商家,在做领域选择时,可以优先根据产品来选择领域,例如,卖衣服的店家可以选择做对应的穿搭内容。

如果你没有产品,也需要在选择账号领域时,就考虑后期如何变现更容易。例如,你选择做美妆领域的视频内容,最快最有效的方式,就是通过电商及广告变现。如果你是影视领域的创作者,要想通过电商变现,门槛可能就会有点高,这时可以换一种变现模式,比如流量变现,赚取流量收益,当账号数据做到一定量级之后,还可以通过售卖优质的账号进行变现。

03 确定形式:
不知道选择哪一种内容形式?5种形式任你选

新手运营者都会面临一个问题:拍什么?在确定拍摄内容之前,首先要做的,就是确定好短视频的内容形式。这一节就为新手运营者推荐5种常见的短视频内容形式:图文形式、真人口述、日常Vlog、情景剧和混剪。

1 图文形式

顾名思义,短视频的图文形式就是图片加文字。图文制作起来更简单,运营初期会更容易上手操作。因此短视频运营新手刚开始创作内容时,可以考虑图文形式。涉及经验介绍、攻略指南或者知识分享

第 2 章 · 账号运营：从 0 到 1 打造 "爆款" 短视频账号

的内容，图文的表达效率更高，更方便用户收藏借鉴。

图文形式的短视频制作简单，不需要花费很长的时间进行拍摄剪辑，可以快速地进行批量操作。但是，图文的表现形式较为单一，对内容的要求更高，所以运营者最好有一定的审美鉴赏能力。

2 真人口述

真人口述是最常见的短视频内容形式，也是打造个人品牌最有效的形式。通常，在真人口述类的短视频中，需要有一位固定的出镜人，出镜人会针对某个特定领域的专业内容或者热点事件进行分析讲解。例如，秋叶大叔的短视频内容，就以秋叶大叔本人出镜口述为主，如下图所示。知识 IP 多采用这种内容形式，在塑造知识 IP 形象的同时增强用户的信任感。这种形式的短视频制作成本相对也比较低，通常只需要固定一个镜头，对着镜头讲台词即可。但需要注意的是，一镜到底的形式容易让用户产生疲劳，我们需要增加合适的肢体动作，把镜头当作你的朋友，对它正常讲话，让状态显得更自然。

3 日常 Vlog

日常 Vlog，通俗来说，就是以短视频的方式记录真实的日常生活，通过记录生活来满足用户的好奇心。日常 Vlog 中，一般也需要真人出镜，但镜头画面会比真人口述更丰富，不仅要将各种生活画面拼接在一起，出镜人还需要以旁述的方式，向用户讲解视频内容的走向。一些好的 Vlog 创作者，通常会在 Vlog 中以小见大，通过个体的生活细节来表现一类人的共同特征，从而引起共鸣，获得更多的关注。比如，在各大短视频平台，有非常多"北漂"博主，他们通过记录一个人的"北漂"生活，来引发整个"北漂"群体的共鸣，从而获得关注。

4 情景剧

情景剧是大多数人喜闻乐见的短视频内容形式，它通过演绎有趣的故事，在短短的一分钟里呈现波澜起伏、转折不断的剧情，来获得用户的喜爱。常见的情景剧类型主要有搞笑类、剧情类和情感类等。

与其他 4 个内容形式不同，情景剧对演员、拍摄设备、视频脚本、拍摄场景等都有一定的要求，创作情景剧类的短视频，耗费时间更长，制作成本也会更高。但精心制作的情景剧，往往更容易收获很多用户的喜爱。例如，抖音短视频账号"秋叶 Excel"以幽默风趣的情景剧内容，收获了好几百万粉丝，如下图所示。

第 2 章 · 账号运营：从 0 到 1 打造"爆款"短视频账号

5 混剪

混剪，即混合剪辑，就是将不同镜头剪辑在一起，构成新的内容。你一定在短视频平台上看到过一些做影视解说的账号，将大家熟悉的影视作品剪辑在一起进行二次创作，这就是"混剪"。

混剪类的短视频通常不需要真人出镜，直接找好素材，剪辑并配字幕即可。许多书单号就采用了这种玩法，将一些能引发共情的名人语录剪辑在一起，配上热门的音乐，挂上带货链接，只要内容优质，也能吸引用户下单购买。

2.2 提高用户关注度，4 招引人注目

对于短视频运营者而言，选好定位之后，就要给账号做包装。运营新手可以先从短视频账号的形象出发，设计好账号的名称、头像、简介、人设等。

01 账号名称：
如何给账号取名，让你的名字自带流量

一些新手可能并不关心账号的名称，甚至用随机的英文字母加数字作为账号名称。其实，一个好的账号名称会给你带来不少流量。

好的账号名称通常具备以下 4 个特征：好记、好懂、好搜、好传播。

● **好记**：好的名称不需要用户刻意留意就能记住，因此账号名称不要有生僻字，也不要太长。

● **好懂**：好的名称用户一看就知道账号是干什么的，比如"秋叶大叔聊个人品牌"，看名称我们就知道这个账号是做个人品牌内容的。

● **好搜**：若名称复杂，会给用户搜索增加困难，也就增大了用户流失的概率。好的名称一定是可以用输入法轻松输入的，中间不需要进行多次切换。

● **好传播**：好的名称可以降低传播成本，容易口口相传的名称传播速度会更快。

很多短视频平台的账户名称具有唯一性，或者一年只能修改一两次，所以在起名时务必要慎重。如果是想要打造个人品牌的专业人士，全平台账户名称最好保持一致，方便用户找到你。

那如何给短视频账户取名呢？这里介绍 6 种取名技巧。

1 职业 + 名字

如"设计师阿豪"，可以让用户一眼就知道此账号做的是什么领域的内容。而且这类名称具有职业化、专业化的特征，很容易吸引到本领域的精准粉丝。

2 地域 + 名字

如"武汉吃货王"，这种带有地域性质的名称，可以吸引本地用户，让用户更快搜索到并关注你的账号。

3 数字 + 名字

如"3 分钟医学课堂"，带有数字的名称更简洁，更方便用户记忆。数字后面跟上名字，可以让用户一目了然地知道，账号做的是什么内容，吸引一部分对此感兴趣的用户。

4 受众 + 名字

这类账号名称主要是结合账号的定位和受众，把人群特性展现在名称中。例如"孕妈小技巧"，一看名字就知道受众是宝妈，也就能快速吸引宝妈宝爸们的注意。

5 称谓 + 名字

在短视频中，亲切的称谓总能直接给人带来亲近感，像"秋叶大叔"这样的名称，能够瞬间拉近与用户之间的距离，也比较生活化。

6 IP+ 名字

如果已经有了自己的品牌，并且品牌有一定的知名度，就可以直接用 IP 来命名。例如，秋叶团队教 Word 软件操作的抖音博主，她的 ID 就叫作"秋叶 Word 姐"。

02 头像选择：
如何选择合适的头像，让你的账号更吸引人

短视频账号的头像，往往会建立起陌生人对短视频账号的第一印象。那么，新手在做短视频时，究竟应该如何选择头像，才能吸引到陌生用户呢？

好的账号头像主要有 4 种类型，短视频运营者可以根据自己的账号定位，合理选择适合自己账号的头像。

1 真实人物头像

真实人物头像，既可以用个人形象照，也可以用日常生活照。如果真人出镜频率较高，最好用真实的人物图片作为头像，这样有利于树立个人形象，加深记忆点，让用户"眼熟"你。

如果短视频中常出现的是某个领域的专家，例如教师、医师、律师等，更建议使用形象照作为头像。可以通过这种方式来为出镜者打造专业形象。例如，秋叶品牌的创始人秋叶大叔，作为个人品牌的打造专家，就选用了个人形象照作他的短视频账号头像。

如果是生活 Vlog、旅游、娱乐等领域的账号，则更推荐用生活照作为头像。这样一来，不仅能更好地拉近和粉丝之间的距离，还可以

通过头像,塑造出人物鲜明的风格。例如,在短视频领域颇有知名度的旅游博主 @ 房琪 kiki,她的短视频账号头像,采用的就是个人的生活照。使用生活照作为头像,虽没有形象照显得专业,但是很符合旅游领域短视频的内容风格,给人轻松自在的感觉。

2 品牌 logo

以品牌 logo 作为头像的做法,更适合新闻媒体或者各行业的品牌方。直接将品牌 logo 用在头像中,不仅直观,而且还能强化自身的品牌形象。比如,短视频账号"秋叶 PPT",就直接将品牌 logo 用作账号头像,不仅向陌生用户呈现了秋叶这个品牌名,还强化了秋叶的品牌形象。

3 短视频动画角色

将短视频动画角色作为头像的方式,更适合没有真人出镜,但是短视频内容有动画主角的账号。比如,在抖音非常火的账号"奶龙",就将短视频中两个主角的图片设置为账号的头像。这样,当用户看到头像的时候,就能快速了解此短视频账号的定位是什么。

4 卡通头像

如果既不想真人出镜,又实在不知道用什么作为头像的话,卡通头像也是一个不错的选择。可以参照照片创作个人的卡通形象，也可以直接用原创的卡通人物作为头像。这样，既能适当保护个人的隐私，也可以打造独特的短视频风格。例如，教育领域的短视频账号"拉小登"，就采用了他本人的卡通形象作为头像，不仅显得可爱风趣，也能快速增加陌生用户的好感。

在选择账号头像时，新手还会遇到很多其他问题，以下是值得大家注意的几个要点。

● 头像尽量选用高清图

实际上，很多陌生用户首次对你的视频产生兴趣，并点击观看你的主页时，都会看一下账号头像。如果你的头像使用了模糊的图片，画质很差，会让陌生用户产生一种"这个账号不专业"的感觉，直接降低用户好感度。所以在这里，建议新手使用尺寸至少为 500 像素 × 500 像素的图片作为头像。

● 注意图片的版权问题

很多新手在建立短视频账号时，会随手从网上找一张美图作为头像，或直接用自己偶像的照片作为头像。这实际上是侵权的，新手一定要规避。尤其是当你想把短视频账号作为一个专业的账号来运营时，如果你想获得更多的流量，或者想要变现，就应该注意版权问题。

● 头像不要有引流信息

很多运营新手刚开始运营账号时，为了快速建立社群或者寻求合作，选择在头像上放二维码、微信号、手机号等联系方式。这种做法会被平台严厉禁止，一经举报，系统不仅会强制要求账号换头像，还会对账号进行一定的严格管理，最终的结果一定是得不偿失的。

03 简介设计：
如何写好账号简介，让人看到就想关注

账号简介就是账号名称下方的那几行小字，主要起对账号辅助说明的作用。用户在了解一个陌生账号时，除了头像以外，还会通过简介来进行了解。如果简介里提供了能吸引用户的关键信息，那你的账号就可能吸引到新用户。

一般来说，一个好简介，至少要符合以下 3 个标准。
- 好理解。让用户一看就能明白你所表达的意思。
- 够简洁。用最短的语句传递给用户足够多的信息。
- 有价值。让用户从简介中就能知道账号的价值。

知道好简介的标准之后，简介应该怎么写呢？简介可以包含以下 4 个要素，短视频运营者可以随意组合。

1 明确身份，简单说明"我是谁"

在简介的最开始，可以进行一个简短有效的自我介绍，例如你是谁、你的社会身份是什么，让陌生用户了解账号的基础信息。例如，短视频账号"秋叶大叔"的简介，首先向陌生用户说明的就是"秋叶品牌创始人"。

2 明确领域，写明擅长的领域

在介绍完自己是谁之后，紧接着就可以介绍自己擅长的领域，这

也是在为接下来的短视频作品做铺垫。只有准确地告知用户你擅长什么,才能和用户建立信任关系,才能让用户在这个领域遇到疑难问题时,联想到你的视频内容。例如,短视频账号"胡明瑜幸福力导师"的简介中,就通过罗列胡老师的社会身份,罗列她出版过的图书等方式,向用户证明她在家庭教育方面的专业性。

3 明确态度,写清可以提供给用户的价值

在介绍完个人信息之后,还有一项重要的信息最好写清楚,那就是"可以提供给用户的价值"。想想看,我们做短视频,肯定希望越来越多的人喜欢我们账号的内容。要想让更多的人喜欢,最快速有效的方式,就是让用户看到我们能帮助他们的地方。例如,上图中账号简介的最后,有这样一句话:"感谢大家关注,每天1分钟,分享家庭教育小妙招。"这句话就很直接地说明了账号能给用户提供的价值是什么,自然能让更多的用户关注她和她的视频内容。

4 谨慎给联系方式,为引流做准备

为了更快实现短视频的变现,不少账号会在简介中留下商务对接联系方式或个人账号引流信息。但是需要注意,过于明显的引流信息是平台严厉禁止的,关于如何注明自己的联系方式做引流,将在本书4.3节有关主页引导的部分细致讲解。

04 人设打造：
如何打造账号的人设，让用户快速记住你

人设，指的是短视频中，对于出镜人的人物设定。这个人物是高冷还是幽默，是活泼还是严肃，都需要在短视频中反复进行强调。如果将短视频账号看作一个人的话，那么人设就是这个人的灵魂。只有建立稳定的人设，才能保证后续视频内容风格的稳定，才更容易给用户留下深刻的印象，从而带来更多的关注。既然人设这么重要，那怎样才能打造一个具有吸引力的人设呢？最有效的方式就是"强化记忆点"。如何强化呢？这一节就为运营新手介绍4种打造人设、强化记忆点的方法。

1 强化外表记忆点

外表记忆点主要包含两类，分别为穿衣风格和配饰使用。强化外表记忆点最轻松的方式，就是使每一条视频中出镜人的衣着和配饰完全统一。比如，在秋叶大叔的短视频中，秋叶大叔都会以同一套服饰出镜。这样做，不仅能不断强化他的知识博主形象，还能给人专业、规范的感觉。当然，如果你做的是运动健身类的视频，为了匹配人设，着装风格自然要以运动风为主。

需要注意的是，配饰搭配也很容易形成记忆点，比如每条视频戴固定的发箍、墨镜、帽子、头巾、面具等，只要用户能反复"刷到"博主的短视频，就能慢慢对博主产生印象。

2 强化性格记忆点

出镜人的性格如果塑造得新颖讨喜，就可能成为视频内容的"引爆点"，从而提升账号的流量。例如，"秋叶Excel"短视频中的固定角色"辛莱德"就备受用户喜爱。视频中的辛莱德，展现的性格多为蠢笨、呆萌、十分滑稽、搞笑，这样鲜明的性格特征，吸引了非常多的用户。

第 2 章·账号运营：从 0 到 1 打造"爆款"短视频账号

3 强化语言记忆点

不少短视频运营者会给出镜人设计一句简短的 slogan，在短视频中反复植入。例如，短视频运营者 @ 虎哥说车会在每条短视频结尾露出他的个人 slogan："关注我，为你揭秘更多实用好车。"不要小看这个细节，每条视频的反复展示、曝光，不仅能让用户记住你，还能更好地树立人设。

因此，短视频运营者可以有意识地在视频的开头或者结尾展示一句 slogan，例如，开头可以采用"我是谁 + 我正在做什么"的形式，如："我是 ××，一个'00 后'北漂女孩""我是 ××，想把我的故事分享给你听"。结尾则可以在引导用户关注的同时，展现自己的价值，如："更多美妆 tips，记得问我""我是 ××，愿无知者有力，愿有力者前行"。确定好 slogan 后,反复植入,就能让用户记住你。

4 强化动作及道具记忆点

关注秋叶大叔直播的读者一定都知道,秋叶大叔喜欢喝金花茶。为什么关注的人都知道呢?原因就在于,秋叶大叔每次直播的时候,都会习惯性地泡一杯金花茶放在手边,并且在拍摄短视频的时候,也会将一杯金花茶作为道具摆放在手边。时间一长,用户就记住了秋叶大叔爱喝金花茶。由此,我们发现,如果出镜人持续在视频中做一件事,用户就会记得。

动作记忆点往往是和道具记忆点结合在一起使用的,短视频运营者在运营账号的时候,可以有意识地挖掘适合主要出镜人的动作或者道具。例如 @ 虎哥说车,每条视频的开头都是出镜人迎面走向镜头的画面,边走边讲"今天啊,……"。再例如美食博主 @ 安秋金,所有视频的结尾都有一个固定动作——手持折扇,徐徐打开,同时讲道:"平平安安,记得按时吃饭。"护肤博主 @ 膜膜王的视频,开头 3 秒都会安排一个吃夸张美食的镜头,接着才展开沉浸式护肤,这样的设计无形中增加了用户的记忆点。

需要注意的是,记忆点不是一天形成的,无论以哪种形式强化记忆点,都需要短视频运营者反复打磨,找到适合自己的创意。

2.3 会用数据说话,运营心中有数

在短视频运营过程中,除了内容创作以外,还有一件事非常重要,那就是对已发布的短视频进行数据分析。只有善于观察短视频背后的数据现象,才能更好地调整视频的创作方向,持续创作出好的短视频。

01 数据指标:播放量总上不去?必须学会看这 4 个数据指标

想要做好短视频的数据分析,就必须知道这 4 个短视频数据的核心指标:视频完播率、平均播放时长、视频互动率、视频涨粉率。

1 视频完播率

视频完播率越高,视频内容越容易获得更多的流量,平台自然也会提供更多曝光和推送的机会。视频完播率是短视频数据分析中最核心,也是最重要的一个指标。一般来说,短视频的完播率可以直接在平台的后台数据中找到。通常,一条短视频的完播率只有达到 30%,这条短视频才算有价值。因此,需要不断优化短视频内容的结构,来提高视频完播率。例如,在开头 3 秒就进入主题,抓取用户注意力;中间设置悬念、转折等,吸引用户停留;开篇利用价值感话术引导用户看到最后等。每一处细节设计,短视频运营者都需要考虑,以防用户"划走"。

2 平均播放时长

短视频的平均播放时长，指的是所有看过视频的用户，观看此视频的平均时间。这个数据也可以直接在短视频平台的后台数据中找到。通常，在抖音平台上，如果短视频的时长在 1 分钟以内，平均播放时长在 7 秒以上，就可以算是比较好的数据；如果短视频的时长超过 1 分钟，那么平均播放时长至少要达到 15 秒，才算是比较好的数据。

3 视频互动率

视频互动率主要由 3 个方面构成，分别为点赞率、评论率和转发率。点赞率指的是此短视频的点赞数量与播放总量的比率；评论率指的是此短视频的评论数量与播放总量的比率；转发率指的是此短视频的转发数量与播放总量的比率。用户对一条短视频的喜爱程度可以直接在这 3 个指标上体现出来。一般来说，在抖音平台上，一条短视频的点赞率在 5% 以上相对较好；评论率在 1% 以上相对较好；转发率在 0.5% 以上就已经很不错了。

那么该如何提高视频互动率呢？可以按以下 3 个步骤来操作。

- **步骤一**：策划视频内容时，先将情节设计得更有趣一些，在视频中引导用户进行点赞；
- **步骤二**：在视频末尾向用户提问，引导用户进行评论；
- **步骤三**：在引导评论的同时，还可以提醒用户，将视频内容转发给身边有需求的人，进而提高视频的转发率。

总之，在一条短视频中，开头和结尾的设计非常关键，只有在开头和结尾处打造独特的记忆点，才能够引导用户多点赞、多评论、多转发。

4 视频涨粉率

视频涨粉率指的是单条视频发布后，粉丝的增长量与该短视频播放总量的比率。和其他数据不一样的是，多数短视频平台的后台无法直接查询到一条短视频的涨粉率为多少，这就需要账号运营者做好视频发布前后的数据记录工作，以方便后续进行数据复盘。

第 2 章 账号运营：从 0 到 1 打造"爆款"短视频账号

通常情况下，在抖音平台上，一条短视频的涨粉率在 1% 以上，就可以算是很好的"涨粉"数据了。想要提高短视频的涨粉率，运营者可以保持视频的发布频率，同时创作出高质量的原创作品，打造有趣又有用的内容，从而成功吸引粉丝关注。

02 数据网站：
不知道在哪儿查数据？试试这几个数据网站

对于短视频运营者来说，学习借鉴优秀的短视频也是日常工作内容之一。那如何快速找到值得学习的优秀短视频呢？这就需要用到数据分析平台了。本小节就为运营新手推荐几个数据网站，帮助你学习了解更多的优秀短视频。

1 飞瓜数据

飞瓜数据是一个专业的热门短视频及账号数据分析平台，其数据资源非常丰富，可以查询包括抖音、快手、B 站、微视、秒拍等主流短视频平台的数据。同时，此平台还可以利用大数据追踪短视频的流量趋势，推荐热门短视频、"爆款"商品及优质账号给用户，帮助短视频运营者完成账号定位，实现粉丝增长及流量变现等。

2 蝉妈妈

蝉妈妈是一个相对比较垂直的抖音短视频数据分析平台,不仅提供各类榜单,还有各种抖音短视频和"爆款"商品等数据。无论你是短视频运营新手还是直播商家,又或者是供应链商家,都可以根据它的数据进行分析。

另外,蝉妈妈平台还有一个特色功能——"运营圈"。"运营圈"是一个知识社区,分为"问答"和"文章"两个部分,内容质量虽然参差不齐,但是对于运营新手来说,还是非常有价值的。

3 新榜

新榜可谓是伴随新媒体发展而成长起来的老牌数据分析平台了。其在行业内的认可度很高,专业性也很强。新榜涉及的短视频平台非常广泛,目前其下设专门的抖音数据平台"新抖",快手数据平台"新快",小红书数据平台"新红",视频号数据平台"新视",西瓜视频数据平台"新瓜",哔哩哔哩数据平台"新站"等,各平台提供的数据主要能够满足榜单分析、数据监测、运营增长、流量变现等运营环节。

4 抖查查

抖查查的基本功能非常齐全，很适合做短视频的数据分析。一般来说，新手在运营账号时，可以在抖查查数据平台上直接查阅所在品类的"涨粉"达人视频，借鉴学习那些最新、最热门的视频内容，提高产出"爆款"视频的可能性。并且，还可以对比其他优秀达人的"涨粉"视频，探索出更好的视频创作方式。

最后，为了方便运营者查阅，我们将各平台适用的数据分析网站做了汇总，如下页表所示。

各平台适用的数据分析网站

平台	数据分析网站
抖音	新抖 抖查查 飞瓜数据 蝉妈妈
快手	新快 飞瓜数据
视频号	新视 友望数据
B站	火烧云数据 飞瓜数据（B站版）
西瓜视频	新瓜
小红书	千瓜数据 新红

第 3 章
内容运营:打造"爆款"短视频的四大秘籍

虽然我们在完成账号运营之后,已经确定了要做哪个领域的内容,但还不够,因为账号运营只是搭建了框架,而账号内具体要发什么内容,如何发布,属于内容运营的范畴。在"刷"短视频时,更多人关注的是视频的内容主体,也就是短视频运营者创作的脚本内容,除此之外还有视频选题、封面标题、发布方式等,这些都属于内容运营的工作范围。本章就从选题、标题、脚本和发布方式等 4 方面米帮你搞定内容运营。

3.1 确定好选题就成功了一半

> 我们在刷短视频时，经常看到同样选题的视频，点赞都非常高，而且同样的选题，在间隔一段时间之后，又能崛地而起，并且视频数据都不错。这说明好选题对内容影响非常大，基本上可以说是把选题选好，内容就成功了一半。

01 选题准则：
如何找到"爆款"选题？教你 4 个选题准则

短视频创作就像写文章，写文章的第一步是要确定主题，而在短视频创作中，选题就是你的主题。选题决定了创作方向，不仅能对外传递观点与立场，还能给用户传递价值。一个好的选题，往往能带给视频生命力和爆发力。那么如何找选题呢？本节教你 4 个选题准则。

1 具备辩论性的选题

有一些选题可以勾起用户的辩论欲，非常容易引导用户评论、回复，甚至持续互动，互动率越高，视频得到的推荐就越多，这是由抖音的推荐算法决定的。

有辩论性的选题包括：婆媳关系、男女差异、南北差异、口味差异等。比如某账号就找准南北差异这个辩论点，创作了一条选题为"南方人买菜与北方人买菜的区别"的视频，获得了 183.8 万赞。

口味差异的案例也不少，例如"吃不吃香菜""到底是吃甜豆腐脑还是咸豆腐脑"等。

如下页图这条视频，就是把吃"吃不吃香菜"这个梗做到了极致：吃香菜蛋糕、喝香菜汁、吃香菜米粉。这些"奇葩"行为引发了爱吃香菜和不爱吃香菜两类人的"炸裂式"互动。

第 3 章 · 内容运营：打造"爆款"短视频的四大秘籍

2 引发用户好奇心的选题

八卦和好奇心是人类永恒的天性，我们会发现名人明星的私生活，总能占据头版头条，行业内幕和行业冷知识也总是不缺流量，奇闻逸事更是高居榜首。

如下图所示的视频"开快递驿站赚钱吗"，就抓住了大众想赚钱的心理，获得了 278.1 万赞，10.1 万评论。如果你的选题激发了用户的好奇心，那么你就赢在了起跑线上。

3 抓住用户痛痒点的选题

用户痛点是指用户在日常生活或者某种行动中遇到的问题，痒点则是指用户的喜好。帮助用户解决问题和满足用户喜好的这两类选题可以常用。如果短视频运营者做的是职场领域的视频内容，可以从工作中容易出错的问题及难点入手来找选题，帮助用户解决痛点。如果想从痒点下手，就可以找一些颠覆认知的操作、高效快捷的方法等作为选题。

我们还可以发现，一些演绎情感剧情、搞笑段子，或者有俊男靓女秀"颜值"的视频，点赞评论数量往往也很惊人。这是因为用户有各式各样的需求，例如情感需求、娱乐需求等，这些视频抓住了用户的痒点，自然也就成了"爆款"。

下图所示的视频就抓住了用户只会单击输入下划线做论文封面的痛点，获得了1400多万播放量，42.1万点赞，3120条评论。

第 3 章 · 内容运营：打造"爆款"短视频的四大秘籍

4 热门选题

热门选题包括一些社交平台的热点话题、热门现象、节假日相关活动话题或突发性社会热点事件等。这些选题都自带流量，采用这类选题的相关视频，播放量往往高于账号的基础播放量，也就更有机会成为"爆款"视频。

我们可以这样"追"热门：分析热点话题的前因后果，表达自己的观点，基于热点话题创作搞笑段子。对于热门现象，还可以拍摄有启示意义的剧情视频来传递价值观等。某账号取材于"网络键盘侠"现象创作的视频提醒人们"未知全貌，切勿定论"，获得了 326.7 万点赞，9.1 万评论。

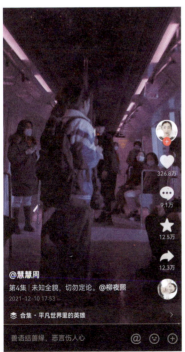

02 找好选题：
不知道拍什么？教你 4 个锁定合适选题的方法

很多短视频运营新手在面对海量选题时，要么盲目跟风，什么火就做什么；要么犹犹豫豫，搞不清哪些选题适合自己。其实在锁定选题时，我们只要清楚一点就好：视频内容是为账号服务的。

怎样的选题是适合我们的优质选题？接下来给大家提供 4 个锁定合适选题的方法。

1 从账号定位出发

在我们开始搭建账号时，就要选择账号所在的领域，视频内容也是要属于这个领域的。例如，你是做职场账号的，那宠物、美食等热门选题，就不能随便碰。如果你做财经类账号，就不能做搞怪贴纸或特效的热门选题，会影响账号人设的专业性。

2 不要小众，要做大众化方向

短视频平台是一个大众化的娱乐平台，小众的内容在这里注定不吃香，例如钓鱼是大众化的娱乐方向，但如果是介绍鱼漂就比较小众了，感兴趣人可能就不多。

如果你想做的选题从来没有人做过，你就要考虑是不是平台不支持这类选题，或者这类选题有什么"隐藏雷区"。大众化方向是被市场检验过的，做"第一个吃螃蟹的人"往往会失败。

大众化方向是指你所做的领域受众面比较广，比如你想做职场领域的内容，又进一步选择了职场领域下的 Office 赛道，只要深耕这类选题，那你的账号就会持续吸引想要学习 Office 技巧的用户。并且 Office 可拍摄成短视频的技巧点多，不管是新进入职场的用户还是职场"老人"都或多或少要接触 Office，受众面也比较广，所以短视频平台与 Office 有关的超百万粉丝的账号比较多。

3 要有用户和产品思维

选题要有用户思维，是指要充分了解用户需求和用户心理，从用

第 3 章·内容运营:打造"爆款"短视频的四大秘籍

户的角度出发,做用户想要的选题。

选题要有产品思维,是指从产品卖点出发,寻找用户需求。

很多人认为这两者是矛盾的,其实不然,它们有一个相交的过程。两者都符合的选题,必定是好选题。我们可以列一张表,把用户需求和产品卖点列出来,就能找到好选题了。

根据用户需求与产品卖点确定选题

用户需求	产品卖点	选题
英语词汇记不住	名师推荐 + 备战高考	北大名师告诉你怎样在 72 小时快速记住高考英语词汇
不会画眉毛	快速画眉 + "手残党"秒上手	零门槛,一沾一贴 30 秒画出好眉
减肥餐难以下咽	零卡 + 滋味丰富的调味品	减肥不再痛苦,油醋汁拌啥都好吃

4 对标竞品,取长补短

做账号最忌讳盲目从心,可以多看看同类竞品账号的作品,并吸取它们的优点,取长补短。接下来,就看看具体如何找到优秀的竞品账号。

怎么找竞品账号?

方法一: 借助第三方工具,如飞瓜数据、蝉妈妈等。以蝉妈妈为例。

步骤 1 搜索并进入网站。在电脑浏览器网页搜索栏中输入"蝉妈妈",鼠标点击【百度一下】按钮,搜索结果的第一条就是蝉妈妈官网,点击进入官网。

步骤 2 进入达人库。鼠标点击网页上方的【达人】→【达人库】。

步骤 3 搜索竞品账号。在搜索栏中输入关键词，例如"职场"，点击搜索按钮就可以找到竞品账号。

步骤 4 也可以根据下方的【带货分类】和【达人分类】找到竞品账号。

第 3 章 · 内容运营：打造"爆款"短视频的四大秘籍

方法二：用关键词进行搜索。用关键词可以搜索到海量同类型选题和竞品账号。可以选择搜索某个领域，例如汽车、美妆、职场等；也可以搜索与行业相关联的内容，例如与职场相关的 Office、Photoshop 等。

例如，你想知道 Excel 有哪些选题可做，可以按下图所示的步骤操作：打开手机里的抖音 App，在搜索栏中输入关键词"Excel"，点击右边的【搜索】，再找到【话题】，点击后就可以看到很多关于 Excel 的话题，点进任意一个话题，就可以看到竞品账号做的视频，最新、最热的视频都有。

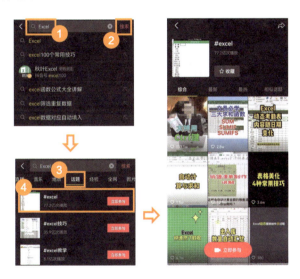

● **筛选竞品账号**

找到竞品账号后，我们需要筛选掉一些不符合要求的竞品账号：

① 借助平台红利做起来的竞品账号，如开始运营的时间较早，靠图文形式"吸粉"的账号。

② 明星大 V 这类没有借鉴意义的账号。

③ 其他我们无法借鉴其"吸粉"优势的账号，如画画、跳舞、极限运动等专业技能类账号。

● **验证并改良**

在开始运营短视频账号时，短视频运营新手容易陷入一个误区：

"我一定要做得比竞品账号更好玩,更有创意。"这种想法是错误的,新账号没粉丝,基础播放量也低,创新的视频没有经过市场验证,很容易在发布之后就石沉大海。正确的做法是模仿竞品账号的优质内容,"引爆"第一波流量,等账号粉丝涨上去之后,再根据用户反馈去改良。

03 搭建选题库:
"日更"太难?教你快速产出 100 条选题

你是否在发布几期视频后,就不知道发什么内容了?你是否敲定一个选题后,就直接开始拍摄,结束这个选题之后,才会继续思考其他选题?其实这是短视频运营新手的"常规操作"。如果我们在没有规划的情况下拍摄视频,账号就很容易"断更"。所以在开始拍摄视频之前,短视频运营者还要做一项工作,那就是搭建选题库。

短视频的内容创作是一个持续时间较长的过程,搭建选题库不仅能帮短视频运营者快速产出内容规划,节约日常决策成本,还能使账号运转进一步标准化、规范化。下面为大家提供 3 种搭建选题库的方式。

1 行业专业书籍

如果我们想做知识类垂直账号(垂直账号是指长时间发布同一类视频或者文章的账号),如财经、生物、健身知识账号等,在选定知识领域时,短视频运营者本身就需要对该知识领域有很深的见解和知识储备,不然所做的内容就会非常浅显。除此之外,为了做出更深、更精的短视频内容,看行业专业书籍是一个非常好的输入方法,我们可以安排每天看一到两小时专业书籍,把有用的选题记录到自己的选题库中。抖音上大热的拥有两千万粉丝的博主"无穷小亮的科普日常",是《中国国家地理》融媒体中心的主任,他常从专业书籍里积累知识,以此丰富选题库。

2 优秀的综艺和电影

优秀的综艺和电影不仅能提高我们的审美能力,还能向我们贡献选题。短视频发展才短短几年时间,但电影已经发展了 120 多年。如

第 3 章 · 内容运营：打造"爆款"短视频的四大秘籍

果你做的是情感类账号，那么你可以在电影中找到很多温情故事。如果你想做深入访谈类账号，你可以从优秀的访谈类节目《圆桌派》和《十三邀》中找到很多灵感。

3 开放平台搜索

互联网是一个开放平台，为短视频选题提供了海量信息和便捷渠道。在百度、微博、知乎、哔哩哔哩、抖音、快手、视频号、网易云等新媒体平台上搜索关键词，就会出现很多相关选题。如果你做的是情感故事类账号，可以在微博搜索"微博搞笑排行榜""北美吐槽君"等账号，它们每天都会发布一些互动话题，在评论区就可以找到海量故事选题。

3.2 你和"爆款"的差距可能只在标题

> 相信大家都听过"标题党"这个词,虽然它指的是内容和标题不一致,但足以表明,标题如果起得好,能带来更多流量。那到底哪种标题是好标题,哪种标题又是"雷区"呢?如果实在不知道标题怎么取,有没有标题生成"神器"呢?本节——告诉你。

01 标题模板:
不会起标题?十大"爆款"标题模板直接套

短视频运营新手往往会忽略一个重要的细节,那就是给制作好的视频添加封面标题。抖音的封面标题在主页的个人中心中展现,相当于门面,让用户看到这个标题之后就能知道这条视频讲的是什么。

其实短视频的封面逃不过 3 个逻辑:展现人,展现物,展现内容。展现人适用于大 IP 持有者,比如 papi 酱、多余和毛毛姐等,在设计封面时主要突出人物。展现物适用于美食、带货类账号,在设计封面时要突出产品。展现内容适用范围非常广,不管是大 IP,还是美食、带货类账号,或者是其他类型的账号,核心都是"卖内容",而标题文案是展现内容的重要形式之一。下面总结了"爆款"标题写作的 10 种方式。

1 做总结

用户在看内容时也会做挑选,总结型标题可以把视频要点归纳进去,比如"盘点 2022 年十大金曲""最感人纪录片盘点""2022 年平价口红年中榜单"等。

关键词有:十大、七个、盘点、合集、最全、常用、榜单等。

2 做连载

视频内容较长,可以分上下两集甚至更多集,文案可以加上连载记号,方便用户查看。如果用户喜欢你的单条视频,续集的播放量也会被带动。连载型标题多出现在影视解说类账号或情感短句类账号的标题封面中。

关键词有：×××系列之1/2/3、×××话题之1/2/3、当我××的第1/2/3天。

3 列数字

列数字可以营造落差感，比如，在你的认知中，美化PPT是一件复杂的事，当你突然"刷"到一条视频"10秒搞定PPT美化"，肯定想一探究竟。又如，在大家的认知中，装修是一件很费钱的事，一条"2万元搞定北欧风装修"的视频，是不是会让你停下看看呢？

这样的标题还有：4000元搞定顶配笔记本电脑，99%的人都不知道的图片网站等。

4 做对比

做对比适用于测评、科普类账号，比如"1000元的冰箱和20000元的冰箱有什么不同""爽肤水和精华水的区别"等。此外，对比还能增强戏剧冲突，通过对不同的人在某种情境下的反应做对比、夸张处理，来制造笑点、痛点，比如"南方人买菜VS北方人买菜""月薪3000元和月薪10万元的区别"等。

5 提问题

一个好问题，能充分调动用户的情绪，引起评论区的互动。比如："公司周六团建，你接受吗？""你遇到过这么难搞的客户没？"

关键词有：如何、怎样、什么、为什么、如何做到、怎样搞定、你同意吗等。

6 做背书

简单来说，做背书就是做担保、做保证的意思。如果产品与明星、名人相关，可以在封面标题上注明该明星、名人推荐，从而提升视频内容的可信度。

关键词有：××力荐、××同款、××最爱、××秘诀等。

7 假设体

前段时间，一条题为"假如世界上的动物都很胖"的视频火遍全网，视频把猎豹、鳄鱼、斑马等动物的形象都做得胖胖的，像气球一样，胖胖动物们的窘态喜剧感十足。假设体标题有一种反差感，能把用户迅速带入场景，而且用户往往很想了解后续，如"假如员工比老板有钱""假如女朋友突然要和你分手"等。某账号用 Photoshop 赋予喜羊羊"霸道总裁"的形象，并运用假设体标题"假如喜羊羊变成霸道总裁"，获得了 251.3 万点赞，6.3 万评论。

8 转折、震惊体

转折、震惊体是网上很常见的抓人眼球的标题。"UC 震惊体"甚至成了网络上的"梗"。不过滥用这类标题吸引眼球，诱导传播虚假信息，会遭到平台惩罚，也会让用户产生反感。需要谨慎使用此类标题。

9 直击痛点

只要是会让人纠结、抱怨、犯难、不自在、尴尬的事情，都算痛点。这类标题的示例如下图所示。

> 《你会因为30岁还没对象而恐惧吗？》
> 《你做新媒体几年了？工资过万了吗？》
> 《那个曾经看你不起的差生，现在年薪百万了》
> 《胖子穿啥都不好看？你可以这么穿》
> 《鞋子不透气，出汗又脚臭？不用怕》
> 《女人太强势，婚姻真的会不幸福吗？》
> 《男朋友没钱买房，还要结婚吗？》《男人没房子，女人能嫁给他吗？》

年龄事件

指出某一年龄段人群的共有特征，因为任何人都对与自己相关的事情格外关注，这个标题模板能精准地抓住特定年龄群体的眼球。标题示例如下图所示。

> 《"90后"结婚率低，是更负责任的体现吗》
> 《男人一定要有阳刚之气吗？》
> 《女人最大的底气是什么？》
> 《"80后"一代人"消失"了，背后的原因令人唏嘘》

02 标题神器：
标题没流量？自带流量的标题一键生成

没有被封面标题折磨过的短视频运营者不是好运营，上一节虽然我们掌握了封面标题的写作方法，但如果视频特别多，有没有快速起标题的方式呢？自己写好了标题，怎么判断这个标题是好是坏呢？当我们为标题苦恼的时候，有没有一些"神器"能为我们提供灵感呢？接下来就给短视频运营新手们分享3个"爆款"标题生成器。

1 易撰

易撰把各大自媒体平台的内容进行了整合，具备实时热点追踪、"爆款"视频批量下载、标题文案自动生成等功能。打开易撰网页版，在编辑器中输入2到3个关键词，就能生成很多原创标题、热门标题和金句，短视频运营者可以自行修改选用。

2 巨量创意

巨量创意是字节跳动开发的创意网站，上面不仅能找到抖音热榜视频和各类广告创意,还有视频模板套用、AI 配音和智能配乐、标题推荐等功能。在创意工具中选择文字工具,再在右侧输入行业和关键词,就能生成很多标题。

3 诺一标题辅助生成器

诺一标题辅助生成器是一款免费软件,它可以根据行业及各类热点事件,结合视频内容,快速生成 10 个标题,短视频运营者可以对系统给出的 10 个辅助性标题进行修改,生成自己的"爆款"标题。

第 3 章 · 内容运营：打造"爆款"短视频的四大秘籍

3.3 不会写脚本，范例模板用起来

> 当我们找到选题之后，接下来非常重要的一步就是写脚本。脚本是短视频拍摄的依据，相当于电影的剧本。很多短视频运营新手刚开始写脚本时，时间花得最多的一环是创新，而老手们都会选择"站在巨人的肩膀上"，也就是从模仿中创新。接下来就带大家搞定短视频的脚本拆解和结构，让新手也像老手一样游刃有余。

01 脚本拆解：
脚本没灵感？试试拆解对标账号，从模仿到超越

写脚本是短视频创作中最重要的一环，短视频运营新手不会写脚本怎么办？写出来的脚本不知道能不能"爆"怎么办？不能持续生产出高质量的脚本怎么办？

接下来我们将一步步解决短视频运营新手的困扰。学习短视频脚本写作之前，我们要搞清楚什么是脚本。

1 什么是短视频脚本

简单地说，脚本就是我们拍摄视频的依据，一切参与视频拍摄剪辑的人员，包括摄影师、演员、剪辑师等，他们的一切行为和动作都是服从于脚本的。脚本可以分为文学脚本和分镜脚本两种。

2 文学脚本

在文学脚本中，需要规定人物需要做的任务、对白、场景和时长等。短视频文学脚本会更加简单一些，写出场景和台词及一些简单的动作即可，便于阅读和修改。

选题：一个视频，帮你解决打印难题
演员：老板，辛莱德
场景：办公室
老板生气道：辛莱德，我让你打印的文件呢？（温柔）
辛莱德：老板，在这呢。
老板：我让你打印在一张纸上！想走人啊！（凶）
辛莱德：老板，补上就好了。
老板气到发抖：你……那我发你的长表格呢？
辛莱德：打出来了老板！（递给老板）
老板接过道：浪费这么多纸，全部从工资里扣！
辛莱德：老板，这表格这么长，不这么打，看不全的！（插录频）
老板扬起木鱼砸在辛莱德头上：饭桶！（拆解为3个镜头）
翻书特写：一看就没看书！
录频教学：想要把表格打印到一张纸上，先找到页面布局，点击页面设置小箭头，选择"调整为"，页宽和页高都设置为1就搞定啦！想要把长表格都打印到一张纸上，"Ctrl+A"全选表格，复制粘贴，保留原格式到Word文档里；接着选择"布局"，根据具体情况选择两栏或三栏；然后点击表格，选择上方的"表格工具→布局→自动调整"，根据窗口自动调整；再点击表头，选择"表格工具→重复标题行"，就搞定啦！
辛莱德晕乎乎起身：还是老板……
老板：这图片打印得黑黢黢的，你看得清吗？
录频教学：选中图片，右键选择图片格式，在"图片校正"对话框将对比度调成100%，清晰度调成30%，再打印就可以啦。

3 分镜头脚本

分镜头脚本包含场景、景别、画面内容、时间、对白等项目。分镜头脚本适用于故事性更强的短视频，它已经将文字转换成了可以用镜头直接表现的画面。

分镜头脚本一定程度上已经是"可视化"影像了，它能帮助团队最大程度完成创作者的想法，因此对于想要表达故事情节的短视频创作是不可或缺的。

在这里给大家提供一张分镜脚本表，在写分镜时可以按照这几项内容写分镜脚本。

镜号	景别	时间	画面内容	对白	备注

第 3 章 · 内容运营：打造"爆款"短视频的四大秘籍

场景	景别	画面	时间	文字	备注
打卡机旁	中近景	word姐打卡成功，转身走进公司		打卡机语音：9点零一秒，打卡成功。	
打卡机旁	远肩	老板拿着电脑在等待		老板：迟到一秒，乖乖给我加班！	
打卡机旁	近景	word姐诧异		word姐：一秒也算？	
打卡机旁	近景	老板说道		老板：当然！你看看这份文档！	
打卡机旁		录屏		老板：我不想让中英文在一行，让它们分行显示。	
打卡机旁	近景	老板说		老板：顺便告诉你，有5000多行哦。	
打卡机旁	近景	word姐轻蔑地说		word姐：老板，就算有一万多行，我也只要10秒。	

4 拆解脚本

读书破万卷，下笔如有神，对于我们运营者写脚本来说，则是"拆视频千万个，下笔如有神"。这里的"拆视频"指的是拆解优秀视频脚本，在拆解脚本的过程中，我们能够丰富故事案例库，熟悉脚本结构，对镜头的组接也会有更深的见解。下面就教大家怎么拆解视频脚本。

● 拆解"爆款"视频脚本

起号阶段（即账号发布作品的初期阶段，持续时间大概为2个月），短视频运营者一定不要想着创新。一个平台每天都有千千万万条视频发布，"爆款"视频却是少之又少，是别人都没有创意吗？并不是，相信短视频运营新手们都发现过这些问题："这条视频剧情太老套了！""这条视频剧情太熟悉了吧！这不是×××拍过的吗？"

剧本重复，视频依旧能"爆"，甚至同一个账号隔一段时间发重复的视频也依旧能"爆"，这就意味着一些选题、一些剧情是热门的。起号阶段，通过拆解"爆款"视频脚本的方式，把握剧情的主要矛盾，摘出重点台词，分析拍摄时的机位和演员的表演技巧等，然后将这些经验灵活运用到自己的脚本设计中，这样制作的视频大概率能成为"爆款"视频。

● **脚本模式化，跨行业移植**

跨行业移植重点在于"跨行业"，也就是将一个行业固定的脚本模式、风格，转移到另外一个行业进行模仿。

在"秋叶Excel"的短视频中，我们经常运用跨行业移植的方法。"我是云南的"这个"梗"风靡一时，众多账号模仿。"梗"本身只涉及地点和方言，与"秋叶Excel"所做的职场教育内容大相径庭，但通过跨行业移植的方法，我们找到了创新突破口。跨行业移植第一步，我们把原视频的框架拆解成了如下所示的一张表。

人物	一个主要人物
音乐	鼓点强劲，配合上说唱，很有节奏感
人设	本地人
台词	我是云南的，云南怒江的……
框架	以固定台词开头，明确所在省份、城市、民族等信息——方言教学（挑选几个简单又有记忆点的词语进行教学）

通过这样一张表，我们可以把整条视频的框架看得更清楚。要跨行业移植，首先人物、特点、音乐、风格都要相似，固定的台词也可借鉴，框架基本上要保持一致。"秋叶Excel"通过拆解脚本，也得到了一个具体的框架，如下表所示。

人物	教学"主咖"+背景耍宝式人物
音乐	鼓点强劲，配合上说唱，很有节奏感（最好是原音乐）
人设	账号"主咖"（教学）
台词	我是秋叶的，秋叶Excel的……
框架	以固定台词开头，明确账号名称、教学领域和本期教学要点（快捷键）——Excel快捷键教学（挑选用户必备又容易忘记的快捷键）

依据这样一个框架去写具体的台词、脚本，保留了原视频的"味道"，而固定台词和剧情痛点的部分又可以自己设计，既有借鉴又有创新。通过跨行业移植的方式，"秋叶Excel"创作出了多条"爆款"视频。

第 3 章 · 内容运营：打造"爆款"短视频的四大秘籍

02 脚本结构：
脚本不会写？快记住这 8 种短视频脚本结构

很多新手在写脚本的时候遇到的最大的问题是"内容不吸引人"。

不少新手想通过短视频输出自己的故事或观点，但新手们往往只顾着讲"干货"，内容不够有趣，导致用户无法坚持看完短视频内容，更不会有用户点赞和转发了。那么怎样的脚本，第一秒就能抓住用户的注意力呢？下面给大家总结了 8 种"爆款"脚本结构。

1 感性观点分享结构

这类结构比较适用于口播类型的视频，尤其适用于情感导师、心理咨询师人设的账号，具体脚本结构如下表所示。

脚本结构	填充内容
事实	最近发生了什么事？（热点事件、身边的典型案例）
个人感受	让我产生了什么感受
发现问题	这背后存在一个什么问题/现象
引出观点	我觉得问题的根源在于什么（讲故事）
总结观点	我要传达的思想价值/知识点

2 经典知识分享结构

这类脚本结构适用于大部分知识分享类账号，把用户易遇到的问题前置，锁定精准用户，再提供"干货"知识留存用户，具体脚本结构如下表所示。

脚本结构	填充内容
遇到的问题	我知道你遇到了什么问题，而这个问题的本质是……
答案描述	提供一种或一种以上解决方案
答案拆解	为什么这个方法能解决你的问题
总结性结尾	这背后存在一个什么问题/现象

3 短剧类脚本结构

这类脚本结构适用于情感剧情类账号，具体脚本结构如下页表所示。

脚本结构	填充内容
冲突	黄金3秒,痛点在前:有冲击性的画布,充满悬念的台词
展开剧情	两三句台词把事件主题说清楚
反转1	出现障碍:主角之间产生矛盾或主角在将要达成目标时遇到障碍
进展	主角采取的措施和努力,凸显主角的人设
反转2	主角遇到巨大的危机,陷入绝境
尾声	危机解除,主角达成了自己的目标或关系取得进展

4 美食类脚本结构

美食类赛道竞争激烈,毕竟"民以食为天"。要想做好美食视频,用这个结构就可以了。

脚本结构	填充内容
成品展示	展示美食的成品画面
开场介绍	一两句话说明视频主题
美食制作过程	准备食材配料、处理食材、具体制作的过程
成品展示	再次展示美食成品、菜品品尝
点评总结	点评菜品、总结或引导关注

5 Vlog 脚本结构

Vlog 是一种生活记录类视频,近几年来非常流行,这里以旅行 Vlog 为例,给大家分享一个具体的脚本结构。

脚本结构	填充内容
出发旅行	介绍旅行目的地——旅途中遇到的风景
景点打卡	特色景点打卡——游玩的过程
美食打卡	前往美食店——特色美食介绍——品尝美食
过程趣事	遇到好玩的人或事,遇到的困难等
结尾	总结或预告接下来的行程

6 段子类脚本结构

搞笑段子是短视频平台中最常出现的视频类型,段子越在意料之外就越令人惊喜,具体脚本结构如下页表所示。

第 3 章·内容运营:打造"爆款"短视频的四大秘籍

脚本结构	填充内容
常见场景	日常对话或日常的动作
意外反转	给出出乎意料的回答或反应
反转	意料之外的反击

7 种草类脚本结构

种草类脚本结构很简单,但是在使用的过程中要和实际情况相结合,你选择的场景一定要符合产品的特点,这样用户在看的时候才不会有违和感,具体脚本结构如下表所示。

脚本结构	填充内容
适用场景	独居女性的家/小情侣之家/宿舍(体现精致美)
产品 1	产品 1 的出现和使用方法需合乎逻辑
产品 2	重点展示产品的实用性,摒弃多余的功能,弱化营销感
产品 3	几个产品出现的时机要准确,衔接要自然

8 心灵鸡汤/励志类脚本结构

很多人都见过这种账号,励志类的视频比较好做,素材也多,但要做到情景交融,能让人感动,也不是一件容易的事情,具体脚本结构如下表所示。

脚本结构	填充内容
故事场景	身边发生的事或名人名家的故事
金句亮点	书本中出现的金句或名人名言
总结	人生大道理/做人的格局/情商等

03 开头话术:
用户没兴趣?学会黄金 3 秒快速吸引用户

短视频的时长大多在 60 秒以内,并且翻阅形式是上下滑动,浏览过程简单快速,所以前 3 秒是非常重要的,前 3 秒的内容能决定用户是否愿意留下来看后面的内容,这会影响到视频的完播率,而完播率又会影响平台是否推荐视频等。所以视频开头的话术是非常重要的，这里给大家总结了 4 种开头话术。

1 设置悬念

在视频的开头设置突发事件，从而让用户有看下去、揭开谜底的冲动。例如设置视频开头放有冲击性的画面或有空间感的台词，美食类账号放令人垂涎欲滴的美食的画面，情感类账号放有矛盾争议的画面，知识类账号放常犯的错误等。

2 断言法

断言法可以营造权威感，第一句话要说得坚定而不能模棱两可，比如"小白必学的 Excel 快捷键""你一定不知道，白菜这样做比肉好吃"，不要出现大概、感觉、似乎、听说等词。

3 列出"干货"

最能吸引用户的不是感情的共鸣或者安慰，而是实实在在的"干货"或利益，在视频的开头表明自己这个视频的主题，比如"一分手学会一道减脂餐""一分钟搞定 PPT 美化""月入两万元的方法"等。

4 提问题

提一个问题，这个问题要让用户产生情绪，比如以"你知道吗？这样做香菇比肉好吃"开头，让对做菜感兴趣的用户产生好奇。比如"为什么你的播放量总卡在 500"，能让做短视频的用户产生求知欲。

04 冲突设置：
用户没停留？学会设置冲突引发用户好奇心

一个好的脚本故事，精彩与否往往取决于其中的冲突设置，如果你的剧情里没有冲突，那么就会平淡如水，尤其是短视频，适合采用弱逻辑下强冲突强反转的模式，意料之外一定比意料之中更精彩。平台每天推送数以万计的精彩视频，用户选择太多，要在一分钟之内吸

第 3 章・内容运营：打造"爆款"短视频的四大秘籍

引用户注意力，那就意味着冲突需要非常密集，怎么设置冲突呢？接下来就为大家提供 4 种方法。

1 夸张

这里的夸张是指道具语言的夸张，一个看起来柔弱的女性，去反串男性；一个满身肌肉的男性，却跳起了可爱的舞蹈。这样的冲突设置，一定会给用户留下深刻的印象。全网火爆的"塞班，你在哪儿？"就用了这种冲突设置，一开始视频中的女生哭哭啼啼、柔柔弱弱地在找塞班，拍摄者让她大声呼唤塞班，结果她的嗓音比男人还男人，引发了用户的爆笑。

又比如，某账号"主咖"眼睛本来就特别小，还戴了一副刚好遮住眼睛的墨镜，一出场，用户就被他戴的不寻常墨镜所吸引，评论区都在说"墨镜哪里买的""能找到这么小的墨镜太不容易了"。

2 错位

错位可以形成一种反差感，让用户产生新奇的体验，比如员工比老板有钱，开豪车上班，老板骑电瓶车上班；又比如穿着朴素的农民，简单地吃一顿，端出来的居然是大龙虾等。

3 矛盾

大部分短视频剧情都采用了矛盾法设置冲突，矛盾法主要是激发处在对立面上的两拨人的不同情绪，像一些普遍的社会现象中存在的矛盾冲突往往会成为短视频的题材：男女观念差异、婆媳关系、地域差异等，具体有"婆婆应不应该帮带小孩""年轻人该留在大城市奋斗还是回老家'躺平'""豆腐脑到底是咸的还是甜的"等。

4 对比

对比法经常用在情感剧情类账号，比如对比与前男友和现男友相处的细节，来传达"什么是被爱"这个主题；用年轻时与成熟后选择的不同，来表明"成长"这个主题等。也可以用在测评类账号，表现产品之间的差异。

05 互动话术：
视频没互动？10种互动话术吸引用户评论

互动话术有两个作用，第一个是提高评论量，第二个是提高点赞量。我们在写完短视频脚本之后，在不影响短视频脚本整体呈现的情况下，可以加入互动话术，引发用户的评论或点赞。下表为大家提供10个互动话术。

提高评论量	1	你"中了几枪"？来评论区告诉我，你不是一个人
	2	在留言区留下名字，抽取一人，帮你搞定×××
	3	你最喜欢哪个？请在评论区说出你的选择，票选最高的那份作品，我们会放出源文件链接，回复到你的评论
	4	请在留言区留下你的邮箱，悄悄送给前100位
	5	请在评论区说一下你为什么要学×××
	6	想看全集的同学评论"要！"，如果人数多，我们就把全集放出来
提高点赞量	7	老板说如果这一条点赞量不超过666，我就要被……
	8	点满××赞，提供一个稀缺的福利
	9	双击屏幕有惊喜哦
	10	听说点赞的人都变美了

06 创作素材：
脚本没素材？10个网站帮你快速打开脑洞

写脚本没灵感怎么办？脚本太难，不会写怎么办？想"日更"，没有好选题怎么办？这都是短视频新手容易遇到的问题。当我们没有灵感、没有思路的时候，是可以借助外部力量的，在这里给大家提供10个网站，让你的灵感源源不断。

1 VLOG 小站

这个网站有拍 Vlog 的技巧、案例和视频，对于想做 Vlog 的短视频运营者有很大的帮助。

第3章·内容运营：打造"爆款"短视频的四大秘籍

2 文案狗

只要你给出一个关键字，"文案狗"就能生成很多带有这个字的谐音字的文案，像成语类、诗词类、俗语类文案等。

3 句子控

"句子控"是分享高品质文字的专业网站，可用于情感类、感悟类视频。网站汇集众多散文美句、名人名言、经典诗句、电影台词和歌词等。

4 顶尖文案TOPYS

这个网站会实时更新创意文案和视频，内容质量比较高。

5 梅花网

主打视频短片、品牌活动等方面，不论是视频内容还是文案都值得借鉴。基本上每个月它都会发布案例盘点合集及下个月的营销节点预告。

6 大创意

这个网站里都是顶尖创意大咖的最新文章，可以参考文章思路构思视频脚本，并且网站内还可以查看国家、特定内容、品牌等的专辑。

第 3 章・内容运营:打造"爆款"短视频的四大秘籍

7 原创剧本网

这个网站主要提供小品、相声、话剧、微电影等的剧本创意。

8 华语编剧网

有单独的短视频脚本板块,非常适合运营新手借鉴。

9 剧本联盟

国内顶级的剧本创作网站，微电影、相声、三句半等类型的剧本都有。

第 3 章 · 内容运营：打造"爆款"短视频的四大秘籍

10 数英网 DIGITALING

数字媒体及职业招聘社交平台，内容涵盖市场营销、广告传媒、创意设计、电商、移动互联网等领域。该网站有很多热门文案可借鉴。

3.4 视频上热门，发布方式很关键

> 发布完视频后，你的播放量是不是总卡在几十或者几百？很多时候不是你的内容不好，而是你没有掌握正确的发布方式。

01 发布文案：
视频曝光量不够？试试这样写发布文案

我们在"刷"短视频的时候，一定见到过这样的视频，视频内容可能就是简单的风景，配上一首歌曲。在你看来，它并没有什么出彩的地方，但不知道为什么，它能有几十万甚至上百万的点赞，而且评论都有几万条。它真的没有出彩的地方吗？有可能是你没有注意到它的发布文案。

好的发布文案不仅仅是锦上添花，有时甚至能让你的视频"起死回生"。那我们能不能写出"爆款"发布文案呢？当然是可以的，接

073

下来就给大家提供 6 种发布文案的写作方法。

1 制造悬念型

悬念能有效地引发用户好奇心，好奇心是用户观看视频的重要动力。在标题中设置疑问句，如"答案就在本期视频里""我做得对吗"，想要找到答案，那么只能观看完整视频，在视频中寻找答案。

2 引导语型

引导语也是比较常见的标题形式，如"一定要看到最后""最后我都震惊了""看完有惊喜哦"这样的句子都是引导语，作用是让用户停留到最后，想找到视频结尾到底隐藏了什么彩蛋，从而提高了整个视频的完播率。

3 提问型

提问也可以作为一种与用户互动的方式，标题中多用设问、反问句式，如"你们也是这样吗？""你赞同这样的做法吗？""大家觉得这种做法对吗？"。

4 引发共鸣型

可以在文案中讲述一个浅显易懂的道理、一段哲思、一句名言或者金句。如"世人慌慌张张，不过图碎银几两，可偏偏这碎银几两，能解世间万种慌张""人生匆匆，自渡是一种能力，渡人是一种格局"。

5 故事型

喜欢看故事是人们的天性，在发布文案中讲一个故事，往往能让用户停留下来，如果你的故事里有冲突，还能让用户留下评论，从而在评论区引发激烈的讨论。

6 讲述型

这种文案主要是为了让用户产生带入感，可以多用第二人称"你""你们"，拉近用户之间的距离，如"如果是你，你会怎么做？""假如让你回到 10 年前，你最想做的是什么？"等。

第 3 章 · 内容运营：打造"爆款"短视频的四大秘籍

02 发布时间：
短视频没播放量？可能是你的发布时间不对

每一个时间段用户需求不同，平台对内容的推荐力度也不同。深夜时，你饥饿难耐，突然"刷"到一条美食视频，肯定会比以往停留得更久；上班时间，大部分用户喜欢听一些简短的新闻类资讯。但不管怎么样，短视频运营者要在固定时间发布视频，让用户养成在固定时间收看视频的习惯。

下面给大家总结了一张发布时间表，短视频运营者可以通过这张时间表，选择自己内容发布的时间。

1	早上起床：6～8 时	适合发一些新闻类、学习类的视频内容
2	中午吃饭：12～13 时	适合发一些娱乐类、八卦类的视频内容
3	下午茶时间：3～4 时	适合发一些轻松、娱乐、开心的内容
4	晚上 19～21 时：最佳学习或休闲时间	和各路大号竞争黄金时间段
5	晚上 22～24 时	各种与心理、情感、育儿亲子有关的内容会更容易抓住读者注意力，也可以发布美食、音乐、深夜节目类视频

03 评论维护：
如何让视频曝光量"蹭蹭"涨？5 个技巧促进粉丝互动

维护评论也是短视频运营中重要的一环，具体如何维护评论，需要根据账号的人设来考量：如果人设是专业人士，评论应该专业一点、学术一点；如果人设是搞笑博主，评论就应该俏皮一点、搞笑一点。在评论量不大的情况下，短视频运营者应该做到每条评论都回复，提高评论量。下面为大家提供 5 种提升互动效果的评论方法。

1 解释互动型

对视频中的冲突或不好理解的剧情做出及时的解释和正确的引导。

2 槽点互动型

留"槽点"给用户，调动用户评论的积极性。

3 引导互动型

当用户提出某个问题时，如果自己做过相关视频，可以回复"主页有视频讲到哦""××在主页橱窗哦"等。

4 提问互动型

如果视频里出现了某种普遍现象，可以用提问式互动推动用户评论，比如"你的××怎么样？""你遇到过这种情况吗？"等。

5 鼓励互动型

对优质评论给予鼓励和肯定，可以让账号人设更饱满、更有亲和力。

第 4 章
流量运营：从 0 粉丝到百万粉丝的"逆袭"指南

很多短视频运营新手在创作完内容后可能会遇到这些问题：视频质量还不错，但发布出去，播放量只有几十；辛苦"日更"，可账号就是不"涨粉"；好不容易有一点粉丝积累了，又不知道如何放大粉丝价值……一个优秀的短视频运营者除了掌握账号运营和内容运营以外，还需要有好的流量运营思维。本章将从"流量推广""引流吸粉""粉丝留存"3 个方面展开介绍。

4.1 5个推广技巧让视频流量翻倍

> 不少短视频运营新手都有这样的困惑,好不容易创作出来的短视频,发布以后就只有几十的播放量。如何提升短视频的曝光量?本节教你5个短视频"加热"技巧。

01 私域扩散:
视频没人看?通过私域扩散快速冷启动

私域扩散是最直接的短视频"加热"方法,通俗来讲,就是将短视频分享给身边的朋友,通过社交扩散给视频增加播放量与点赞量。私域扩散有3种形式,分别是个人扩散、社群扩散、好友帮推。

1 个人扩散

个人扩散就是将短视频转发给自己的各社交平台好友,吸引更多的好友给自己点赞。不管是抖音、快手、视频号还是其他的短视频平台,都有"转发"的功能。三大短视频平台转发分享项略有差异,但大体形式是一样的,不仅支持转发短视频内容至平台内的朋友,还支持转发至微信、朋友圈、QQ、QQ空间等主流的社交媒体。

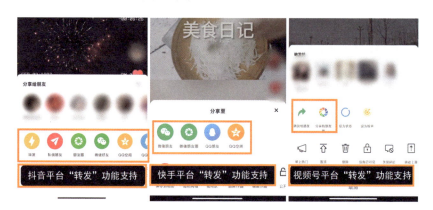

第 4 章 · 流量运营：从 0 粉丝到百万粉丝的"逆袭"指南

如果短视频运营者能够提供一个好的转发分享理由，就会带动你的社交圈好友给你点赞。以微信视频号为例，微信视频号中的短视频在微信生态是可以自由传播的，当发布视频后，短视频运营者可以将短视频分享给自己的亲朋好友或者分享到朋友圈，让短视频被社交圈的更多好友看到，增加视频曝光。例如，秋叶大叔经常分享自己的视频号到微信朋友圈，配上"干货"文字描述，带上"# 和秋叶一起学个人品牌"的话题，并保证"日更"，让朋友圈用户产生阅读习惯的同时，也给短视频增加了不少曝光量。

 秋叶大叔
如何做出好"爆款"课程？

我做了好多单门 10 万人购买的课程，好卖的"爆款"课程，我给大家总结一下，有三个要素。

第一，你要让你的课好卖，不是要把你的课做到没有人比得上，而是要找对目标人群，这个人本来就有这方面的需求，这个需求你不满足他，他自然会找别人去满足他。所以你不是课好卖，是你找对了一个你能满足的市场。

第二，你的人设要能在你的目标人群中立住，要让大家觉得你就是教这门课的。

第三，大纲和名字要起得好。想把课卖"爆"，你就得让人看见你。让别人看见你的方式很简单，把海报做好，把标题写好，抓住别人的注意力。

做到这三点，你的课程大家就愿意买，好多人就愿意帮你卖，这不就"爆款"了吗？
#和秋叶一起学个人品牌 674

07:18 视频号·秋叶大叔

值得注意的是，一个有效的转发推广一定要在分享文案上下功夫，没有任何理由，直接转发给好友或转发到朋友圈，不会有多大效果，可能你的好友都会感到厌烦，甚至直接"拉黑"你。推荐一个万能转发文案模板：

转发扩散文案＝吸引力"剧透"＋用户引导

例：

万万没想到结局竟然是这样的，一定要看到最后！

PPT 放大镜制作方法巨简单！为了辅助操作，我把操作步骤放在评论区。

今天是从《重启2》里面学到的排版技巧，偷偷地说，今天视频里有送大家的神秘礼物哦。

我的视频"爆"了，这是我尝试的一个新形式，来，你也给视频点个赞，看看数据能跑到多少。

……

我们转发分享的目的是引导用户观看，让用户能产生点击的欲望，适当的内容"剧透"加上合适的互动引导，就能达到不错的效果。

2 社群扩散

除了转发给好友或者转发到朋友圈，我们还可以将发布的短视频转发到微信群、QQ群以及平台内的粉丝群中，让短视频内容更快地触达用户。和微信朋友圈扩散一样，社群扩散也需要给一个有价值的扩散理由，让用户愿意看并且愿意点赞互动。以微信视频号为例，当用户有疑惑的时候，分享一则有价值的短视频，不仅能带来活跃用户的效果，更能为短视频提升不少曝光量。

需要提醒的是，如果是在别人的社群做扩散，需要先征求一下群主的同意，因为不少群是不允许用户发带有营销性质的短视频的，强行扩散会给人留下不好的印象，甚至可能直接被群主移出群聊。

3 好友帮推

除了个人扩散和社群扩散，好友帮推也是短视频内容曝光的一个重要途径。我们可以联系有一定数量忠实粉丝的好友或者渠道，帮忙转发助推，带来更多的社交推荐，如果双方都在做短视频，还可以用互相推荐的形式帮彼此"圈粉"。

如果不想主动联系好友帮忙推荐，还可以通过策划福利活动让用户主动参与扩散。例如，我们可以策划一个"宠粉"活动，让用户转发短视频到朋友圈，凭截图获取某项福利奖励，借助社交圈的传播，让短视频被更多用户看到。

02 内容投放：
想快速出"爆款"？试试用付费流量撬动免费流量

想要快速提升视频的曝光量，最直接的方法就是利用短视频平台的加热工具，用付费流量撬动更多系统自然流量推荐。在抖音、快手、视频号等平台上，都有各自的视频加热工具，基本推荐逻辑相似。

下文以抖音平台加热工具 Dou+ 的投放为例，介绍做短视频投放的详细步骤与细节，其他平台投放的操作类似。

打开抖音，进入已发布短视频的界面，打开要投放 Dou+ 的短视频，点击抖音视频播放界面右下角的【…】，找到【Dou+上热门】选项，短视频运营者即可以通过付费来购买短视频的曝光量，"加热"短视频内容。

Dou+"加热"的本质其实就是为内容进行流量的采买，当你花钱投放后，系统就会把你的短视频推荐给更多的人，增加曝光量。

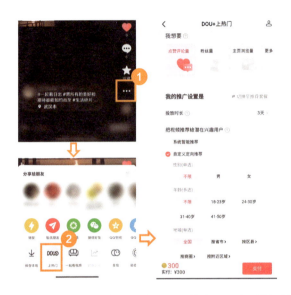

如何投放效果更好？其实，短视频运营者只需要掌握这 5 个关键步骤即可。

确定推广目的
确定目标受众
选择最佳推广时间
合理制定投放策略
实时调整投放策略

1 确定推广目的

推广的目的不同，对应的投放效果也会不同。在选择投放 Dou+ 前，我们就应该考虑到我们想要得到什么，是播放量还是粉丝量，根据推广目的选择投对应的类别。投放目的可以选提升点赞评论量、粉丝量及主页浏览量等。

一般建议运营新手选择点赞评论量。因为账号前期作品的基础数据较差,选择点赞评论量可以帮助作品快速积累互动数据,后面"刷"到短视频的用户看到作品数据不错,可能也会紧跟着点赞,这样就会提高作品的完播率,引发抖音算法的更多推荐,提高视频"上热门"的概率,从而也增加了更多"涨粉"的机会。如果选择的是粉丝量,投放得来的用户可能并不是精准用户,他们只是点一个关注,并不是真正认可你的作品,下次你再发作品,他们可能压根就不会看。

2 确定目标受众

不同类型的短视频吸引不同的受众,不同的商品也有着不同的目标消费群体。因此,在做Dou+投放时,我们应该明确我们的目标受众,投放给精准用户观看。

例如,我不想投放给18岁以下、40岁以上的人群,就可以选择自定义定向推荐,选出你想要的一类用户,性别、年龄、地域、兴趣标签等都可以自定义选择,让投放得来的用户更精准。

需要注意的是，在自定义推荐中，还有一项是"相似达人粉丝"，不少短视频运营者可能会有误区，认为它的意思是投放给账号所对标的账号的粉丝。其实不然，选择了这个选项，投放的依据将是据对标达人近期作品所搭建起来的用户画像模型。用户画像模型可以理解为账号各个作品的标签关键词，当你作品的标签关键词和选择的达人近期作品的标签高度重合，我们的投放才会更有效。

粉丝量大的账号经过长时间的积累，用户画像关键词逐渐增多，可能你账号的关键词只与大号的一小部分关键词相似，自然就导致投放到较多的无效粉丝。所以选择对标账号的时候，选择小账号并不影响，你的目的是把近期对该作品感兴趣的人群属性筛选出来，让系统帮你匹配到更多类似的用户，获取更多精准流量。

推荐一个操作技巧，我们在投放"相似达人粉丝"时，可以在24小时之内去抖音搜索栏搜索你的短视频标题或者短视频的核心关键词，看是否能搜索到你的作品。接着点击筛选，选择近1天内点赞量最多的短视频，如果有和你作品关键词相似并且点赞量在一万以上的作品，就可以直接选择这个账号来投放"相似达人粉丝"。

3 选择最佳推广时间

确定短视频的受众之后，我们可以根据目标受众来确定最佳的推广时间。例如，如果你想吸引上班族，就可以选择在11:00～12:00或者17:00～20:00进行推广；如果你做的是深夜美食视频，你就可以选择22:00～23:00进行推广。按照用户看视频的习惯来选择投放时间，从而达到视频推广的最大效果。

4 合理制定投放策略

视频的投放时长是可以选择的，如下页图所示。通常，投放24小时的流量相对于投放2小时的流量要精准一点，但投放2小时能快速见效。所以，考虑到投流效果，我们可以多次小额投放，先投放2小时，根据效果及时调整投放策略，数据好再加投24小时，数据不好直接终止投放。如果你对自己的作品非常有信心，希望各个时间段都能获得流量，就可以投24小时、12小时等，尽可能覆盖全时间段的人群，让系统慢慢地匹配精准用户，获得高性价比的投流效果。

5 实时调整投放策略

投放后，Dou+后台会实时反馈视频数据。短视频运营者要有数据意识，根据数据修改投放策略，效果好加投，效果差及时终止，在节约成本的同时最大化提升投放的效果。

03 分发曝光：
想放大收益？学会做多平台分发让曝光量翻倍

想要放大收益，增加视频的曝光量，除了做好短视频内容，短视频运营者还需要重视短视频的"传播"，也就是多平台的分发。把视频当作产品，分发至多个自媒体平台上，例如抖音、快手、视频号、西瓜视频、B站、微博等，多平台的分发不仅能增加多个平台的创作收益，还有助于打造个人IP，获取全网的流量曝光。

怎么做多平台的分发放大收益呢？主要有两种玩法，分别是平台间内容同步与跨平台矩阵搭建。

平台间内容同步	跨平台矩阵搭建
同步同系平台的身份与权益，赚取多平台收益	跨平台搭建账号矩阵，获取全网流量

1 平台间内容同步

有一些平台是互连的，例如字节跳动旗下的抖音、今日头条、西瓜视频，平台间的身份和权益可以同步。操作步骤非常简单，短视频运营者只需要在发布视频的时候，找到下方的"作品同步"开关，开启"发布至西瓜视频和今日头条"即可。

当我们开启平台间的同步后，就增加了一个新的传播渠道，这样就可以把西瓜视频或者今日头条的流量吸引到抖音上来。并且，在西瓜视频和今日头条上，视频的播放量会创造一定的流量收益，增加短视频运营者的创作收入。

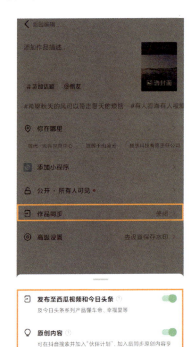

2 跨平台矩阵搭建

除了平台内的内容可以互相同步，短视频运营者还可以跨平台分发内容，搭建跨平台矩阵，不论是在微信生态、抖音生态、还是微博、小红书、B 站平台上，都搭建账号做内容运营，获取更多流量曝光。

通常，不同平台调性不同，我们在运营时需要通过剪辑对视频的内容风格进行调整。例如，抖音的风格比较年轻化，并且是沉浸式浏览，封面简洁清晰即可；而快手的风格是比较接地气的，双列式浏览，此时封面标题文字可以大一点、夸张一点，吸引用户点击进入。另外，不同平台对视频的尺寸要求不同，短视频运营者需要对症下药。特别是平台对竞品平台会比较排斥，短视频运营者一定要提前了解平台规则。例如，不要在抖音平台讲快手、不要在快手平台提抖音等，各种平台 logo 更是不能出现，否则账号就会有违规风险。

全平台运营需要一定的时间、精力与成本，建议短视频运营者优先对一个主要的平台进行精细化运营，其他平台分发即可。但在实际运营过程中，分发内容也会消耗短视频运营者很多时间。市面上其实有一些工具可以实现一键多发，例如蚁小二，可以一键在 60 多个自媒体平台上发布图文、视频内容。类似的工具还有简媒、易撰、易媒助手工具等，这类工具一般会有部分功能是收费的，需要充会员解锁更高权益。当然也有免费的功能，但会员可用的功能多一点，短视频运营者可以看看免费功能是否能满足你的需求，按照自身需求来判断要不要充会员。

04 活动加热：
没流量不"涨粉"？两招教你官方流量免费拿

不少短视频运营新手在创作中可能只注重死磕内容，忽略了流量运营。有时候视频没流量、不"涨粉"，可能只是因为你没有关注平台官方的流量扶持信息。

要知道，每一个短视频平台都希望有更多内容创作者能为平台源

源不断地创作优质作品，为平台带来持续的盈利。因此，短视频平台都会发布各种创作激励政策，来扶持优质的内容创作者，例如西瓜视频的中视频计划、视频号的创作者激励计划、小红书的笔记灵感等，只要按照官方要求发布内容就能拿到官方的流量补贴。

如何拿到官方的流量补贴？官方的扶持计划在哪儿找呢？分享两个技巧，教你如何参与官方活动获取免费流量。

1 关注创作者服务中心，积极参与官方活动

每一个主流的短视频平台都有创作者服务中心，创作者服务中心是为创作者们量身打造的创作服务平台，致力于解决创作者的各类问题，短视频运营者需要特别关注。一些官方的活动会公布在这里，不仅如此，运营者还可以在这里寻找创作灵感。

下面以抖音为例展示具体步骤。

步骤1 进入创作者服务中心。打开抖音 App，进入【我】界面，点击右上角的【≡】，打开菜单栏，就能找到【抖音创作者中心】。

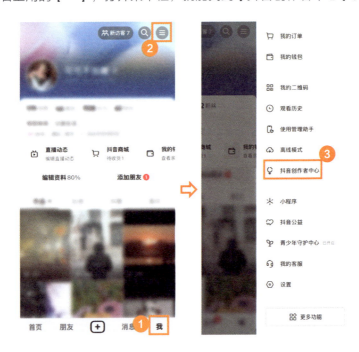

第 4 章 · 流量运营：从 0 粉丝到百万粉丝的"逆袭"指南

步骤 2 寻找创作任务和灵感。官方在【变现中心】发布各类创作任务，积极参与创作就能获得官方流量扶持。如果没灵感，也可以在下方【学创作】这一栏找到近期的灵感、活动、爆款、热点等内容。

2 关注官方账号，第一时间了解官方活动

除了在短视频平台的创作者服务中心查找官方热门活动以外，每个短视频平台上还有大批平台官方的运营账号，作为短视频运营者要特别关注。官方账号往往会第一时间发布最新创作活动，吸引更多账号参与其中。以抖音 App 为例，@抖音小助手是抖音的官方账号，经常发布近期官方举办的各类活动，如果我们多关注一下该账号的动态，就能掌握很多官方活动动态与最新热点资讯，快速参与官方活动创作。

有一段时间很流行一个说法"发布视频，'艾特'抖音小助手就能帮助视频'上热门'"。确实，不论在哪一个短视频平台上，短视频运营者发布完内容后"艾特"平台官方账号，就有机会被官方查看，

089

虽然并不能保证你的视频"上热门"，但能增加上热门的机会。如果你的视频质量高，内容丰富，就有可能会被官方选为"精选"，成为热门"爆款"视频。

因此，短视频运营者在运营某一个平台上的账号的时候，首先可以关注一些平台官方账号，找准官方账号，获取更多活动资讯及流量曝光的机会。例如，抖音的 @ 抖音小助手、@Dou+ 小助手、@ 抖音创作者中心；快手的 @ 快手管理员、@ 快手创作者中心、@ 快手热点；视频号的 @ 微信派、@ 微信视频号创作营、@ 微信时刻等。官方账号的查找方法也很简单，在平台内搜索平台名称即可。例如，在抖音平台搜索"抖音"，搜索项选择"用户"，就能找到很多抖音官方账号，找到你需要的账号关注即可，如下页图所示。

第 4 章 · 流量运营：从 0 粉丝到百万粉丝的"逆袭"指南

05 热点推广：
想出大流量"爆款"视频？热点就是最大流量池

想要打造"爆款"的短视频，最简单有效的方法就是追热点。在信息爆炸的互联网时代，热点的传播速度快，具有较强的爆发性，如果追对了，就能达到播放量翻倍提升的效果。

1 追热点有哪些形式

一说到"追热点"，很多人的第一反应就是追热门事件，实际上除了热门事件，还可以追热门音乐、段子、特效等。

热点的4种形式

● 追热门事件

一些全网热议的热门事件流量非常大，找到合适切入点往往就能获取大的流量曝光。比如"'00 后'摩托车手逆行火场 36 小时"的社会热门事件在网络上广泛传播，某账号就以"给这个小伙点赞"为话题，追热点创作了一条视频，致敬逆火而行的英雄，点赞量高达 241 万。

● 追热门音乐

我们在刷短视频的时候可以发现,当某一个背景音乐爆火之后,其他很多短视频也会用这个音乐来制作并发布作品,这其实就是在追热门音乐的流量。而此外,抖音平台还有合拍功能,你可以和你喜欢的明星进行歌曲合拍,创作出有热度的视频。

● 追热门段子

热门段子在短期内的传播性也很强。有段时间,"我是云南的"这个"梗"爆火,引发了一股家乡推广热潮,不少账号都紧跟热"梗",改编出许多"爆款"视频。我们运营的账号"秋叶Excel"也紧跟热点创作,把热"梗"的"来自某个地区"直接转化为"来自哪个品牌、哪个账号",创作出一条Excel快捷键版的"爆款"视频——"我是秋叶的",这条视频在发布当天就帮助账号增加了将近1万名粉丝。

第 4 章 · 流量运营：从 0 粉丝到百万粉丝的"逆袭"指南

● 追热门特效

在抖音、快手等平台，还有很多热门特效。例如，抖音平台推出的"面膜"特效一时间广泛传播，许多账号争相参与创作。某账号以"大爷用面膜特效后变帅哥"为话题创作内容，强大的反差感直接让视频获得了十几万点赞。甚至还有账号另辟蹊径，利用用户的猎奇心理，把特效用在动物身上，"吐槽"特效分不清动物的眼睛和鼻子，引发了不少网友热评。该账号在仅有几十个粉丝的情况下，竟也通过追热门特效，直接收获了近 20 万点赞。

 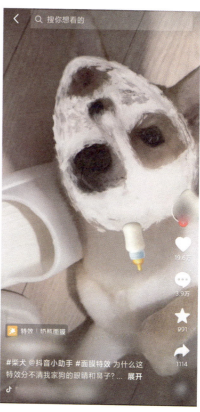

以上 4 种追热点的形式都是非常常见的，短视频运营者如果能用极短的时间巧妙结合热点创作内容，内容就更容易"上热门"。

2 如何才能有效追热点，获取更大的流量曝光

● 找热点

① 平台榜单搜索。在主流的短视频平台上，打开搜索页面，通常能看到"热搜""热榜"等独立的板块，实时更新各类热门事件。以抖音平台为例，打开抖音 App 的搜索页面，就能发现很多榜单，比如"热门搜索""抖音热榜""同城榜""直播榜""音乐榜"等，如下图所示。各类热门事件、热门音乐，我们都可以通过榜单查找。

② 今日热榜。"今日热榜"是一个用于高效查找热点的工具。百度搜索引擎搜索"今日热榜官网"，第一项搜索结果就是"今日热榜"的官方网站。在"今日热榜"上，全网各平台热点榜单一应俱全。

第 4 章 · 流量运营：从 0 粉丝到百万粉丝的"逆袭"指南

值得注意的是，除了这些突发性热点，还有一类热点是可以预判的，如国家法定假日、纪念日、大型赛事活动等。如果你是做"种草"类账号，七夕节、中秋节等都可以提前做节日送礼推荐类的话题；如果你是做家庭教育类账号，中考、高考等都是必追的话题。

③ 营销热点日历。"营销热点日历"是专门预测周期性热点的工具。打开百度搜索引擎，搜索"营销热点日历"，第一项搜索结果就是"营销热点日历"的官方网站。网站上显示了各类热点的时间节点，包括节日、纪念日、重要事件、展会活动等。

● 评估热点该不该追

追热点前一定要做好评估。并不是所有热点都可以追。追了不适宜的热点，账号不仅"涨粉"无望，还可能引起定位模糊，甚至"掉粉"、违规的后果。

什么样的热点才是能追的热点呢？我们把握 3 点原则即可。

① 相关性。相关性是指热点与我们账号所处领域的匹配程度。毕竟投其所好满足用户，才能创作出用户真正喜欢的内容。我们运营账号的目的是吸引精准的目标用户，如果热点偏离自己账号所处的领域甚远，完全没必要去追。例如，民事纠纷常常成为社会热点，但是对于美妆类账号而言，这类热点是不必追的。因为它与美妆类账号相关性弱，就算追到了，所吸引来的流量也没有价值，反而影响账号标签精准度。我们需要吸引的粉丝是可变现的精准粉丝，不是"吃瓜群众"。

② 及时性。及时性是指追热点要快速、及时。热点的时效性是非常强的，有些热点可能和账号的领域非常匹配，但是最佳的传播时间已经过了，用户对这些热点屡见不鲜，甚至感到厌烦，这样的热点完全可以放弃。

③ 安全性。安全性提示我们避免追敏感热点，这一点要特别注意，例如，要远离黄、赌、毒、暴力、血腥、阴暗的内容。忽视安全性，很有可能导致账号违规，甚至被平台永久封号。

因此，我们在追热点时一定要把握以下这3条原则。

① 与账号所处领域不相关的不追。

② 过时的热点不追。

③ 敏感的热点不追。

● **找到热点切入点创作内容**

发现热点后如何快速创作？找准方法是关键。目前有6种追热点创作内容的方法，如下表所示。

方法	具体做法	举例
盘点法	围绕热点的基本信息进行盘点	盘点大妈们为了跳广场舞有多拼
评论法	发表对热点事件的态度	如何评价"'00后'整顿职场是沟通能力不足"
分析法	梳理热点事件的前因后果	从……角度分析/揭秘……事件背后的本质
图表法	用图表的形式呈现热点	一张图搞懂××电视剧的人物关系
"吐槽"法	尝试把热点事件解说成段子	曾以为，最远的距离是你在宝马车里哭，我在自行车上笑，后来，我错了！世界上最遥远的距离是你看到宝马中国，我却只看到可口可乐
唱反调	发表与热点事件相反的观点	××事件不是……（大众认为的观点），而是……

第4章·流量运营：从0粉丝到百万粉丝的"逆袭"指南

4.2 五大引流策略让账号快速"吸粉"

> 不少短视频运营者都有这样的困惑：视频发布了就是不"涨粉"；辛辛苦苦"日更"，账号粉丝量不增加，甚至还在减少……如何提升账号的粉丝量？本节教你五大短视频引流涨粉攻略。

01 评论曝光：
不会借力？在他人评论区互动也能给自己引流

评论区是短视频运营者和用户最直接的沟通交流的区域，是短视频运营者不可忽视的重点维护对象。前面的第3章就讲到了内容发布完毕后的评论区互动技巧。

其实，除了维护自身评论区，提高短视频的互动率以外，我们还可以在他人账号的评论区发言，达到截流"涨粉"的目的。例如，在一些流量明星的微博评论区，只要我们翻一翻，一定会看到一些品牌官方账号的留言，达到品牌账号曝光的目的，如下图所示。其他平台也是如此，因为很多用户"刷"视频都有看评论区的习惯，如果你的评论能吸引用户，就能吸引到用户关注你。

如何有效利用评论区来引流"涨粉"更有效？短视频运营者需要掌握 3 个关键策略。

1 抢占评论区前排曝光位

在短视频平台上，评论区的展示通常都有一定的规律，评论的点赞数越多，评论就会越靠前展示，如下图所示。用户在"刷"短视频的时候，点开评论区，大多都只会看前 5 或者前 10 条评论，比较靠后的评论很多用户可能没有耐心看下去。

所以，我们在做短视频的评论区引流的时候，有条件的话，可以第一时间发布评论，抢占评论区靠前的位置，让更多用户点赞我们的评论。当视频的评论已经比较多的时候，可以选择回复最靠前的评论，这样也很容易让更多的人看到我们的账号，甚至关注账号。

2 选择粉丝属性相同的大号评论

在引流"吸粉"时，获取大的精准流量才是我们的重要目标，因此，我们在选择账号时，应该遵循以下两条原则。

- 账号的粉丝属性相同。
- 账号的曝光量大。

粉丝属性相同，账号的曝光量还大，自然粉丝的价值会更高。我

第 4 章·流量运营：从 0 粉丝到百万粉丝的"逆袭"指南

们可以选择一些同领域的大号来评论，由于账号领域相同，它评论区的用户极有可能也是你想要的用户，如果你的评论比较犀利、观点独到，就能吸引到大号的粉丝点赞和评论，甚至关注你。

3 参与有争议的话题进行评论

短视频平台不乏有争议的话题，每个人都希望自己的意见可以被接受。例如，某博主发了一条短视频，讲对某事件的态度，有的网友表示赞同，有的网友表示反对。这时候短视频运营者就可以积极参与进去，说出自己的想法，在讨论的过程中，多和网友互动交流，从而互相吸引，使对方成为粉丝。

02 私信引导：
想要快速"涨粉"？不要小看私信消息引流

短视频平台都有私信的功能，可以帮助短视频运营者快速和陌生用户进行沟通。因此，私信也是有效的引流方法之一。私信功能一般设置在短视频账号的主页，以视频号为例，当我们想要给某个账号发私信的时候，点击进入账号的主页，就能发现有一个【私信】选项，点击即可给对方发送文字或者图片消息，如下图所示。

私信引导用户关注有两种方式，一种是短视频运营者主动私信用户，邀请用户关注，另一种是用福利"钩子"引导用户主动私信并关注。

1 主动私信用户引流

主动私信用户引流，就是找到我们想要的目标用户，利用私信沟通引流。这种方式通常需要结合评论区引流一起使用，如果我们能在评论区和用户反复互动，产生沟通链接，接着通过主动私信的方式触达用户，就能达到引流"涨粉"的目的。

此外，如果你的目的只是"涨粉"，还可以采用私信互关的方法。例如，一些账号前期"涨粉"的时候，会通过主动私信用户来引导用户互关的方式，快速积攒第一批账号粉丝。

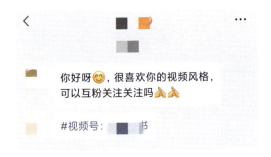

如果你的互关理由写得不错，账号的内容也不错，不少账号是会关注你的。但是，用这种方法引流来的用户可能单纯是为了互关，并不是真正喜欢你的内容，所以如果你只是为了达到某个粉丝量，开通某项权益，可以使用一下这种方法，如果不是，私信互关其实没有多大的价值。

2 福利引导用户主动私信关注

在抖音平台，想要私信某个账号，需要先关注该账号，用户要私信你，就必须先关注你。利用这一点，我们可以设置一些福利引导用户主动私信你，进而关注你。

例如，我们可以在短视频的结尾讲"私信我看完整的视频""私信我可以获得完整答案""私信我送你一份见面礼""私信我可以免费为你解答一个问题"等。当你的福利对用户有价值，用户就会主动私信你，进而关注你的账号。

第 4 章 · 流量运营：从 0 粉丝到百万粉丝的"逆袭"指南

03 SEO 引流：
希望得到多流量曝光？试试优化视频关键词

1 为什么要做短视频 SEO

SEO，Search Engine Optimization 的缩写，是指搜索引擎的优化。通俗来讲，就是通过对内容的优化，让用户在搜索引擎上搜关键词时更容易搜到你，从而使账号获得更多的流量曝光，达到自身的营销目标。

例如，你是抖音平台上一个卖空气炸锅的商家，如果你持续用大量高质量的内容占领"空气炸锅"这个关键词，那用户在搜索"空气炸锅"这个关键词的时候，你的短视频就会排在前面，这样就带来了更大的流量曝光与营销价值。

对于商家来讲，做好 SEO 可以让门店的视频更靠前，让客户更快看到自己的店铺，提升门店在同行中的竞争力。对于短视频运营者来讲，做好 SEO 可以快速提升个人影响力，获取更多营销变现的机会。

2 短视频 SEO 应该如何做

做好短视频 SEO，其实就是做好短视频关键词的优化，让你的内容能在用户搜索关键词时排在前列。为此，把握两点即可：关键词的确定和关键词的植入。

● 关键词的确定

当发布短视频时，我们需要选择及预测用户可能搜索的关键词，将其植入我们的短视频中，保证短视频的关键词和精准用户的搜索内容高度匹配。

关键词的确定有两种方法。一种是根据短视频的内容确定，保证账号的垂直度。例如，如果你是做房产销售的，短视频关键词就一定要围绕"买房"展开，比如"上海买房""买房攻略"等，找到目标用户可能搜索的关键词并且持续使用这个关键词，让平台反复给你的内容打上标签，这样用户在搜索买房之类的关键词的时候，你的内容就可能优先展示在前面。

如果不知道什么关键词合适，直接打开 App 搜索框，模拟用户搜索，就能找到多个相匹配的关键词。例如，在抖音上搜索"买房"，就会弹出很多相关的关键词，这些都是我们能植入短视频中，带来搜索流量的关键词。

除此之外，想要快速获取更多精准的搜索流量，短视频运营者还要学会预测关键词，快速抢占流量。例如，用户在搜索服饰的时候，有搜索"春装""夏装""秋装"等的习惯；用户在搜索礼盒的时候有搜索"春节礼盒""中秋礼盒""七夕礼盒"等的习惯。短视频运营者可以从节日、季节等入手进行预测。

←	🔍 买房	✕	搜索
🔍	买房攻略新手必看		↖
🔍	深圳买房		↖
🔍	沪漂买房		↖
🔍	买房的文案		↖
🔍	买房		↖
🔍	买房攻略		↖
🔍	广州买房		↖
🔍	买房文案		↖

● **关键词的植入**

发布短视频时，通常会带上话题关键词，以获取更多视频曝光。其实不止如此，如果我们想实现更多的搜索流量曝光，就要深刻意识到：视频上每一个用户可以看到的地方，都是影响 SEO 的因素，包括视频标题、画面、字幕，甚至账号名称、简介等。

第 4 章・流量运营：从 0 粉丝到百万粉丝的"逆袭"指南

04 直播"吸粉"：
想抓直播红利？做好这几点，用户主动关注你

主流的短视频平台都有直播的功能，许多短视频达人依靠直播也吸引了不少粉丝，并且开直播对账号的粉丝量是没有要求的，0 粉丝也可以开直播"吸粉"。直播连麦，吸引双方粉丝关注；直播带货，用福利引导粉丝关注……不管什么直播形式，都能带来更多陌生用户的关注。

直播间如何快速吸粉？做好以下这些点即可。

1 开播前做好预热宣发

在开播前，短视频运营者需要做好直播间的预热宣发，吸引"老粉"和潜在新粉丝来观看直播，保证直播间有足够的自然流量。

● 开播前 1～3 天，多渠道预热

在开播前 1～3 天，短视频运营者就可以根据直播内容做渠道推广，例如，可以发布直播预热小视频，提前告知用户直播间有哪些福利，引导用户提前关注；还可以制作直播主题海报，在朋友圈做推广；甚至可以找好友帮你扩散预热，引导更多的用户进入直播间。

● 开播前两个小时发布短视频，争取"上热门"

除了提前的预热宣发，在开播前两个小时，可以再次发布预热小视频。因为开播时，很多用户是通过你的短视频内容进来直播间的，如果你的短视频浏览量不错，自然就能吸引更多的用户来到直播间。我们常说的"一旦发现视频'爆'了，马上开播"，就是这个道理。

2 直播间开播细节设置

在主流的短视频平台上,用户主要来自同城用户、关注者、短视频、直播广场等,想要吸引更多潜在粉丝,可以在开播时做好细节设置。

● 开启同城定位,吸引附近粉丝

当开启直播时,通常会出现一个【开启位置】选项。新手主播不要忽略,只有打开此开关,我们的直播间才会被推荐到同城页面,吸引更多的同城流量。

● 换一个吸睛的直播封面

开播后还有一个细节值得注意,即【更换封面】。不少用户来自直播广场,如果你的封面给人第一眼的印象就很好,能吸引用户点击进入,自然能获得不错的流量曝光。例如,如果是才艺直播,可以用一张好看的个人照片;如果是教学直播,可以是个人形象照加教学主题介绍;如果是带货型直播,直播封面可以直接展示带货的产品加上直播主题。

● 互动话术引导

上文的两个策略已经保证了直播间有基础的流量,想要直播间能"圈粉",主播的互动话术是关键,好的话术不仅能活跃直播间的气氛,还能吸引粉丝关注甚至完成转化。例如,很多主播直播带货推荐产品的时候,会不断地和用户进行互动,甚至还会喊出用户的昵称,拉近与用户之间的距离,让用户感性消费。想要直播间更多用户关注你,主播一定要做好话术引导,这3类引导关注的话术你一定要会。

① 欢迎话术

用户进入直播间,如果主播能立刻和粉丝进行互动,就能促使用户停留,增加"吸粉"转化的可能。通常,可以用一些欢迎话术,快速和用户建立连接。

框架	具体话术
解读账号昵称	欢迎××进入直播间，这个名字有意思/很好听/好耳熟，有什么故事？分享一下呀
找共同热门话题	欢迎×××，最近喜欢看电视剧××，拍得太好了，大家看了吗
传达直播内容	欢迎×××，今天是我们的×××专场哦，感兴趣的一定点个关注，别错过了

② 自我介绍话术

想要用户快速关注你，首先需要让用户了解你，愿意跟随你的直播。在直播间，我们可以讲一讲自己的故事，做一做自我介绍，拉近与用户之间的距离。分享几种自我介绍的话术框架。

框架	具体话术
给自己一个亲切的昵称	Word搞不定，就找Word姐
"晒"才艺	有个小传统说一下，8点后第一个下单报名的粉丝，可以点播一首歌，下课我唱给大家听
调侃一下自己的缺点	我是Word姐，大家看我黑眼圈是不是有点重，都是给大家备课备出来的
提出互动要求	所以大家能不能给我"扣"个666鼓励一下啊

③ 引导互动话术

评论区互动是直播间"圈粉"留人的关键，我们需要多抛出互动话题，引导用户在评论区互动，分享4种互动话术框架。

框架	具体话术
万能"call 1"	想听的"call 1"；已拍的"call 1"；觉得对的"call 1"
强调互动"上墙"	刚刚××（嘉宾）的分享真的是很接地气，大家可以动起来，边听边消化，在评论区记笔记，优秀笔记我会帮大家"上墙"哦
引需求	好，接下来我想问一下大家，有没有遇到过直播间留不住人的情况啊？你们原来都是怎么做的呢？欢迎大家在评论区说说
"刷"认知	你以为学不学英语无所谓？ 不！只有学习英语，你的世界才不会被局限在某个地方，你才能真正感到世界是平的，你才有说走就走的勇气。大家认同吗？认同的"扣"个"认同"

05 互推方法：
流量遇瓶颈？学会账号互推成倍加速粉丝增长

很多短视频运营者都会遇到这样的情况，账号粉丝数量增长缓慢，甚至"掉粉"都比"涨粉"多。此时，可以尝试矩阵互推的方法来给账号引流。

1 账号互推

账号互推就是两个或者两个以上的账号达成了粉丝互推的协议，互相推荐账号达到共赢的目的。

在"刷"短视频的时候，你一定有过这样的体验：在一个陌生博主的视频里看到了一个你关注的博主，出于好奇心，你看完这条视频，发现这个陌生博主的内容也不错，他还和你喜欢的博主是好朋友，可能你随手就会点关注。这种情况就是账号之间在做客串互推。

除了相互客串拍视频，双方不出镜也可以做账号的推荐。不少博主会直接拍摄这样的内容："给大家推荐几个宝藏账号……""这是我的一个朋友，……喜欢的可以关注一下……"。通过这种推广的方式，也可以吸引来不少精准粉丝。

需要注意的一点是，互推的账号类型不要完全相同，而要尽量互补，保证粉丝的精准性。例如，你是卖瑜伽服的，那么在互推的时候，就可以选择一些做减肥内容的账号；如果你找一个同样卖瑜伽服的账号，那必然存在一定的竞争关系。

2 矩阵互推

在评论区 @ 矩阵账号做曝光，也是快速"涨粉"的一种方法，很多个人或团队都开始搭建账号矩阵，从一个号到一整个运营矩阵，获取更大的商业回报。

矩阵互推主要有两种玩法。

● 起新号，搭矩阵

有数据显示，一个网红博主的走红之路大概需要 3～6 个月时间，但是网红博主更新、衰落只需要两个月。因此，我们可以看到一些大网红账号在爆火后，会注册矩阵小号同步运营，来获取更多的商业回报。例如，"00后"大学生@王志猩在抖音拍摄校园段子突然大火，便趁热打铁注册了自己的小号，并且带动视频的其他"主咖"账号粉丝量大涨。

● 客串拍视频

矩阵客串就是"大号"和"小号"之间互相客串，让"大号"的人物出现在"小号"的短视频中，然后再引导大号的粉丝去关注小号。一些与汽车相关的博主经常采用这种玩法，例如@虎哥说车、@猴哥说车、@痞幼等，他们经常用大号带小号，通过客串、评论区互动等方式，实现粉丝互通，最大限度地发挥了矩阵效应，并在短期内快速"涨粉"。

4.3　四大私域导流方法，让粉丝更值钱

> 不少短视频运营者在运营账号时会有这样的困惑：我有一定的粉丝量，可就是没有转化；粉丝关注了我，但并不是每一则内容都能被看见。短视频平台上充斥着各式各样的内容，想要放大粉丝的价值，不少短视频运营者会将粉丝引流至私域流量池，也就是我们常见的微信个人号或者社群等，方便进行二次以上的链接、触达、发售等营销活动。本节分享四大导流私域的攻略，让你的粉丝更值钱。

01　社群搭建：
　　　粉丝难留存？3招教你搭建私域粉丝群

要想做好私域获客，首先要做好用户的留存。相比于直接将用户留存在短视频平台，社群更方便用户的管理和转化。不少短视频运营者都会采取搭建私域粉丝群的方法，放大粉丝价值。私域粉丝群的玩法主要有3种，看看哪一种适合你。

1 粉丝福利群

粉丝福利群，按照字面的意思理解就是用来做"宠粉"活动的社群。除了微信生态的社群，短视频运营者还可以在平台内搭建粉丝群。如果留意的话，你会发现很多博主主页下方都会显示一个粉丝群，把粉丝集合在一起，方便信息的通知以及与粉丝的有效互动，有些群还设置有一定的入群门槛，例如必须关注群主超过多少天，得是多少级的粉丝团成员，从而能够保证粉丝的质量，如下图所示。

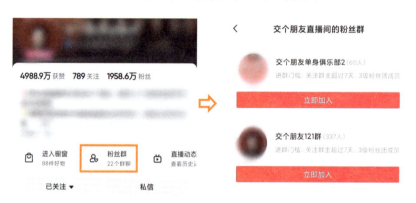

要想短视频平台上的用户愿意加入社群，一定要设置一定的激励，告知用户加入社群的价值。可以设置一些社群福利作为"钩子"，并且告知加入社群后有哪些特权，比如限时秒杀、直播福利早通知等。当把大量粉丝汇集在社群后，就可以做一些团购活动，促进转化。

2 答疑群

知识分享类账号可以选择做答疑类的粉丝群，引导有疑问的粉丝加入答疑群，集中解答疑惑。这种方式比较适合做直播的短视频运营者，做完一场专场主题分享后，引导有疑惑的用户加入答疑粉丝群，通过系列化运营促成粉丝的二次转化。例如，社群 KOL@ 邻三月通过在视频号平台上直播，引导了不少用户加入企业微信答疑群。集中答疑后趁热组织了一场社群团购活动，社群接龙不断，3 天就售出 1000+ 条运动瑜伽裤，并且社群课程销售额达十几万元。

第 4 章 · 流量运营：从 0 粉丝到百万粉丝的"逆袭"指南

3 快闪群

快闪群是借鉴线下的各种快闪活动形成的一套线上打法。快闪群，即超短时间的团购"秒杀"群，以小时为单位，在社群内通过短期的优惠刺激，利用人们的从众心理、稀缺效应以及紧迫感，达到快速出单，批量成交的目的。一般适用于决策成本低、产品服务相对标准化的零售企业、平台型电商，或线下实体门店。

短视频运营者可以结合活动运营来做粉丝转化，集中资源发起一项福利活动，引导短视频平台上的粉丝加入快闪群，只需要集中服务转化一个晚上或者是一两天，结束后即可解散社群。如果觉得用户流失太大，可以在快闪群内发长期运营的粉丝福利群的二维码，引导用户自愿加入。

02 主页引导：
引导粉丝加你微信？主页 4 个细节不要遗漏

对于想要获得高价值客户的短视频运营者，将用户导流至私域是一项重要工作指标。但需要注意的是，大部分短视频平台禁止导流，盲目导流有一定风险。短视频运营者需要提前了解运营平台的规则，慎重使用导流方法。下文介绍 4 种常见的主页导流方法，让你的账号自带导流属性，短视频运营者可以在了解平台规则的前提下按需使用。

1 账号 ID

很多短视频平台都会显示账号 ID。账号 ID 可不是一串随便的数字，不少用户在注册账号 ID 的时候，习惯直接用系统分配的乱码，但有营销意识的用户会用微信号作为账号的 ID。

这样就可以在简介区备注诸如"抖音号就是私信人号"等导流信息。另外，在一些监管比较严格的平台上做用户导流时，还可以直接发此截图示意用户加微信。

第 4 章·流量运营：从 0 粉丝到百万粉丝的"逆袭"指南

2 账号简介

账号的简介页是非常好的导流信息展示页面，很多账号都会将自己的联系方式显示在上面，例如"合作加 V""某业务联系某号"等。

需要注意的是，如果直接使用"微信"二字，会有违规风险，需要用一些谐音字代替。"加微信"的说法可以用"+卫星""+薇""+薇心""+V""+VX"代替，或者用一个爱心符号、卫星符号表示。

```
操作手册
•×× 页 ×× 操作手册
•×× 最全指南

案例拆解
•爆款案例/文案拆解
•×× 个 ×× 咨询案例

心得笔记
•×× 领域学习笔记
•×× 创业日记

资源模板
•××GB 模板
•×× 个话术模板
```

此外,想要用户加到你的私域,还需要提供一个加微信的理由,例如,加微信领取某"干货"资料、加微信领取某电子书等,只要福利有充分的价值,就能有效将用户导流到你的微信。常见的粉丝福利资料包可以包含操作手册、案例拆解、心得笔记、资源模板等。

3 账号背景图

在抖音、快手、微博、小红书等平台上,账号的主页可以设置一幅背景图,用户可以随意设计背景图的样式。有导流意识的短视频运营者会把此处作为导流曝光位,例如,某账号在背景图上写着"私信666,发给你我写的私域流量电子书",如下图所示。相信对私域运营感兴趣的用户点进账号的主页,都会忍不住私信获取资料。当用户发私信给博主后,博主会引导其加微信领取资料,这样短视频运营者就能沉淀精准的用户到私域流量池。

需要注意的是,不要直接在背景上留微信,会有限流封号的风险,相对安全的做法是像上图的账号一样,直接引导用户私信,私信中再引导用户到私域。

4 主页置顶小视频

大部分的短视频平台都支持置顶某一条视频内容。当用户点进你的主页,最容易点击此视频,因此,置顶的视频曝光量相比于其他视频会高很多。

如果想要账号的导流效果好,自然可以置顶一条专门用来导流的短视频,让更多用户能"刷"到此内容。例如,某账号特地做了一条

第 4 章 · 流量运营：从 0 粉丝到百万粉丝的"逆袭"指南

引流短视频，主题是"初次见面，送你一份见面礼"，视频讲述了博主一路走来的成长故事，在让用户了解自己的同时，也给了用户一份粉丝回馈，引导用户后台私信获取一本自己写的电子书。将该视频置顶后，一直有源源不断的长尾流量，不仅吸引了很多新粉丝的关注，也引导了很多潜在用户为获取该电子书而加微信。

03 直播导流：
直播导流至私域难？5 招实现私域高效"涨粉"

有些运营者做直播可能只是做"涨粉"与转化，其实，直播也能导流到私域，实现私域的高效"增粉"。

1 直播背景导流

在视频号平台上，直播间背景是可以放企业微信二维码的。因此直播背景可以专门做带有二维码的设计，并且配上文字引导，比如"入群享折扣福利""扫码加入领一份大礼包"。

例如，瑞幸咖啡每天都在视频号直播发优惠券，通过直播沉淀了不少私域用户。它的直播形式也比较简单，是一种沉浸式陪伴直播，无须主播介绍，调好设备直接直播店内的真实营业场景，咖啡师忙的话就做咖啡，不忙的时候就和直播间的用户唠嗑。这种直播一天大概直播 5 到 8 个小时，可以导流不少用户到私域的社群。如下页图所示，瑞幸咖啡不仅在背景上展示企业微信二维码，还有各种文字条引导，如"加 lucky 进群日常领福利""截图扫码，领五折券"等。清晰的背景设计吸引了不少用户点进直播间逛一逛，随后加入社群、扫码领取优惠券。

需要注意的是，视频号直播背景展示的二维码，目前平台只支持企业微信二维码，如果是个人微信，可能有违规封号的风险。另外，在其他直播平台上，就算是企业微信二维码，也是不能放的，一旦发现，账号就有违规风险。

2 直播道具导流

想要直播间导流的效果好,还可以借助道具提示来引导用户。例如,当视频号直播没有设置导流的背景图时,我们可以把企业微信打印在一张卡片上,必要时举起卡片引导用户扫码加入社群领福利,如下页图所示。

第 4 章 · 流量运营：从 0 粉丝到百万粉丝的"逆袭"指南

如果是在抖音上直播，不能直接出现社群二维码，可以引导用户关注、加粉丝灯牌，进入抖音生态的粉丝群领取福利，甚至还可以将抖音粉丝群内的用户再导流至微信生态的微信群。

3 产品导流

在抖音直播间购物过的用户可能体验过这样的流程：主播推出了一款性价比非常高的"秒杀品"，主播会反复强调，点关注、加粉丝灯牌加入粉丝群才可以参与"秒杀"，否则"秒杀"到也不算数。不少用户想要抢到"秒杀品"，大概率会按照主播讲的操作，这样就能引导不少用户关注账号甚至加入粉丝群。

4 直播抽奖导流

直播抽奖也是一种高效的导流方式，当用户被抽中，往往需要联系主播，此时就可以引导用户加到私域领福利。如果你单纯只是为了导流，设置的中奖名额就可以多一点，让更多的用户可以被抽中。为了避免成本过高，这个时候我们的奖品可以换成几乎零成本的电子资料，例如价值 299 元的朋友圈运营手册、价值 199 元的写作体验课、20GB 考研资料，只要你的电子资料足够有价值、有诚意，也可以作为抽奖的奖品。

5 小助理号导流

除了直播间的设置可以导流用户至私域,直播时评论区也可以做导流。我们可以在直播间设置一个小助理号,在评论区和用户进行互动,引导用户加入私域的粉丝群。话术如,某某主播正在分享怎样的"干货",想要获取某某资料,截图扫码加入粉丝群。

除此之外,在他人的直播间,也可以用小号来导流。我们可以在他人直播间不间断地互动曝光,和评论区的用户建立友好关系,接着主动私信引导用户加到私域。甚至还可以让评论区用户主动来私信我们,例如,直接将当前主播的"干货"整理为"干货文档",在评论区引导用户来私信自己领取。但需要注意的是,最好用小号来导流,也不要在评论区过分"刷屏",主播发现你导流动机比较明显,往往会直接"拉黑"你。

04 裂变增长:
短期内想要爆发式获客?教你 3 种裂变玩法

当运营者通过短视频获取了基础的私域用户后,还可以用活自己已有的私域流量,想办法让粉丝向他人分享自己,将自己的微信名片推荐给更多人。下文分享 3 种有效的裂变玩法,让你短期内爆发式获客。

1 强制转发

强制转发类的裂变玩法,基本套路是,以福利作为"钩子",迫使用户被动分享,分享成功后就可以获取奖励。

如果你有关注一些做资料分享的账号,一定有过这样的经历:该账号分享了很多吸引人的资料,当你想要获取时,账号会引导你分享该文章至朋友圈,并且 12 个小时内不可以删除,凭截图获取资料。

用在私域流量运营里,该方法同样适用。我们可以准备一幅裂变海报,引导用户扫码进入社群,并且要将海报分享到朋友圈,多少小时内不能删除,就能找运营官领取全网爆火的某资料。这样,扫码用户的朋友、朋友的朋友、朋友的朋友的朋友……都可能参与我们的活动。

1×2=2，2×2=4，4×2=8，依此类推，无限循环，这样就能实现病毒式裂变营销。例如，秋叶大叔曾经用《视频号运营教程》PPT做了一场病毒式裂变营销活动，用的就是强制转发的玩法，通过朋友圈裂变传播，一场活动就引流了1.2万人进群。

2 好友助力

好友助力的基本逻辑是用户邀请一定数量的好友，完成某一行为，即可获取奖励。例如，邀请多少名好友进群、邀请多少名好友扫码助力、邀请多少好友关注公众号等，任务达成了就能获取奖励。这种方式在电商直播中比较常见，邀请多少位好友给你助力，就能用超低的福利价来下单商品。只要福利设置得有吸引力，往往能吸引不少的用户参与。

3 拼团模式

拼团是最经典的裂变营销玩法，是由商家针对特定的商品，在约定的时间内，以成团人数为条件，用优惠价格出售商品的营销活动。可以是普通的群内拼团接龙，也可以是老带新拼团，短视频运营者可以在粉丝群内发布拼团招募，激励老用户带动更多新用户加入。

第 5 章
商业变现：深度挖掘短视频的变现价值

我们创作短视频的最终目标是为了产生一定的商业价值。目前抖音、快手、视频号等主流的短视频平台，为短视频运营者提供了多种简单易上手的变现方式。无论是电商带货变现、广告变现、引流变现，还是直播变现，不同的短视频运营者可以选择适合自己的方式来实现财富增长。本章将分享 4 类短视频变现方式，供短视频运营者们参考选择。

5.1 选好品卖"爆"货

如何选品带货,没有货源能不能带货?带货短视频怎么拍?怎么提升带货的转化率?如果你在短视频带货时遇到了以上3类问题,本节内容将带你快速解决问题,帮助你开启自己的短视频带货之旅!

01 带货疑惑:自己没有货源可以带货吗?当然可以

我们做账号的最终目的是什么?当然是商业变现。有了粉丝之后想要带货,如果手中有货源,那肯定是最好的,但大多数短视频运营者自己是没有货源的,那还能不能带货呢?

当然可以!每个短视频平台都会有一个自己的平台选品中心,就拿抖音举例,短视频创作者想带货可以在抖音精选联盟中挑选自己喜欢的货品带货。

这里是由一个个的商家、企业和供应链自己把符合资质的产品上架到抖音商城的后台里的。只要你在抖音商城的后台里直接选取你想带的产品,然后放到自己账号商品橱窗里面,就可以直接去带货了。那具体该怎么操作上架呢?通过抖音精选联盟商品带货的步骤如下。

步骤1 进入选品广场。在个人主页中点击进入【商品橱窗】,找到【选品广场】,点击进入。

步骤 2 找到自己想带货的商品。直接搜索自己想要带货的商品，或根据本地生活、服饰内衣等类目选择自己想要带货的商品。

步骤 3 筛选更优质的商品。还可以根据体验分高、好评多、免费寄样等指标筛选质量更高的商品，提升选品质量。

步骤 4 添加商品。点击【加橱窗】，在弹出的小框中选择【直接添加】来添加商品，或选择【申请并添加】，后面这个选项是指达到一定的带货指标之后，可以申请更高的佣金，申请通过之后再添加商品进行带货。

第 5 章 · 商业变现：深度挖掘短视频的变现价值

02 方式选择：
带货短视频不会拍？试试这 5 种带货玩法

找到货源后想要拍带货短视频，却发现无从下手？本小节就为短视频运营者提供 5 种带货玩法，供你开拓思路，帮助你快速拍摄出一条带货短视频！

1 专业形象教学类

专业形象教学类带货短视频需要向用户传递出自己的专业形象，然后利用自己的专业度去推荐产品，使产品的可信度更高。

● 具体步骤

① 0～3 秒表明人物身份：通过服装/口播，明确人物身份，从生活技巧教学角度切入。

② 4～20 秒产品使用过程：产品使用方法教学，在使用过程中阐述产品卖点。

③ 21～30 秒展示产品效果：展示使用产品的体验。

比如通过短视频销售服装的博主，在视频一开始说明自己的职业是形象顾问，接下来以专业的身份告诉你如何把一件白 T 恤搭配得很好看，在讲搭配方法的同时说明衣服的面料、特色等卖点，然后用衣服搭配出好的视觉效果吸引用户，顺便带货。

2 剧情设计类

剧情设计类带货短视频需要设计一个情节有起伏的故事，然后将产品和故事相融合，自然地引导用户去购买。在做剧情设计类带货短视频时，我们常用 LOCK 系统来设计短视频的剧情。

● LOCK 系统

Lead（主角）——故事的主人公
Objective（目标）——故事发展的动力
Confrontation（冲突）——外界的阻碍
Knockout（冲击性结尾）——转折的结尾

121

账号"秋叶 Excel"使用 LOCK 系统设计短视频，一条短视频就卖出了上万本图书。在视频中，故事的主角是一位擅长 Excel 的职场人，他有一个目标——按时下班。但就在他要下班时，却被老板阻拦，老板为了让他加班逐步设置难题，让他做了 Word、PPT 等需要大量修改，但主角不擅长的工作。然而没想到，主角通过学习一本工具书，把所有难题都轻松化解了。结尾，就在大家以为老板还要刁难主角时，老板只是问主角能不能给她一本工具书。这样的剧情设计会让我们的带货短视频趣味性更强，"种草"更自然。

3 特色吸睛类

特色吸睛类带货短视频需要寻找产品不同的使用场景，并结合一些时下热门的"梗"，吸引用户了解自己的产品。

● 具体步骤

① 0 ~ 2 秒吸引眼球：通过"字幕 + 吸睛操作"的形式吸引用户停留。

② 3 ~ 10 秒产品使用过程：还原产品使用过程。

③ 11 ~ 15 秒效果呈现：展示产品使用效果 / 展示产品。

第 5 章 · 商业变现：深度挖掘短视频的变现价值

例如，这条卖辣条的视频，直接用一个趣味场景吸引用户停留：一位女生在用辣条织围脖，视频里黄色的文字写着"冬天到了，我要给闺蜜织一条漂亮的围脖，她一定很开心"。接下来再去拍摄吃辣条吃得很香的场景和产品本身的一些特色，吸引用户点击购买。这类视频除了做带货短视频外，如果再加上直播间优惠信息，还非常适合作为直播间引流视频，在直播时用来吸引用户进入直播间购买商品。

4 自用好物"种草"类

顾名思义，自用好物"种草"类带货短视频需要在短视频中还原自己使用产品的真实场景，通过"我"的视角，结合自身使用经验进行好物分享。

● 具体步骤

① 0～3秒直接引出产品：从"我"的视角，快速引出产品，切进视频主题。

② 4～20秒产品使用过程：在产品实际使用场景中还原使用过程。

③ 21～25秒呈现产品的使用效果，或者补充附加卖点：以此增强产品的吸引力。

例如，这条卖削皮器的视频，开头直接从"我"的视角，展现削皮器产品的使用场景，接下来展示削皮器如何帮助使用者快速、省力地削皮，最后再补充它不伤手、价格便宜的附加卖点即可。

5 小实验测试类

小实验测试类带货短视频可以直接在视频一开场就通过简单小实验，进行产品效果验证，同时起到吸睛目的，后续再紧跟产品的其他卖点，吸引用户下单。

● 具体步骤

① 0~3秒实验效果展示：在实验过程中，直接引出产品。

② 4~20秒在产品使用过程中介绍产品多样卖点：彰显产品的高性价比。

③ 21~25秒产品体验引导转化：锁定目标人群，号召其尝试使用产品。

例如，一条卖猫咪牙膏牙刷套装的短视频，就直接在视频一开头展示猫咪刷牙的小实验，通过实验展示刷过牙的猫咪牙齿会更白、无异物；在刷牙的过程中介绍产品的多样卖点，如牙膏是鸡肉味的，猫咪爱吃，牙刷刷头软，不伤牙齿等；最后喊话猫咪"家长"，不想猫咪生病花钱，就要养成给它刷牙的习惯，引导猫咪"家长"下单。

第 5 章 · 商业变现：深度挖掘短视频的变现价值

03 带货策略：商品转化率不高？3 个策略让你卖到"爆"

辛苦拍了带货短视频，但并没卖出去几单商品？视频还是有流量的，但是转化率特别低，感觉用户看了个热闹就走了？如果你遇到了这样的问题，本小节将教你 3 个转化率提升思路，帮助你提升短视频商品转化率！

1 选好"爆品"事半功倍

想通过短视频带货，选好品很重要，"爆款"商品本身就更能吸引用户下单。在短视频平台，比如抖音上，近些年爆火的商品千奇百怪，甚至有一些产品闻所未闻、稀奇古怪。例如，曾经风靡抖音的妖娆花、小猪佩奇手表、蜘蛛侠车载小玩偶等。

125

但仔细分析我们会发现，这些"爆款"商品会有一些共同的特质，正是这些特质使这类商品的转化率高，更容易"爆"！

① 有趣、有创意

观看短视频的用户普遍年轻化，对于有趣、有创意的东西天生更感兴趣。比如抖音平台上的一款创意公仔，将鲨鱼和蜜蜂的形象结合在了一起，取名"鲨蜂了"，受到了大量年轻用户的喜欢，一条简单的商品展示短视频就获得了 61.7 万赞，累积销售公仔 5.1 万份。

② 性价比高、有实用价值

不管是通过抖音好物榜还是各种短视频数据来看，抖音上爆火的商品多处在 10~50 元的价格区间。"66% 的商品单价都低于 100 元"，可见百元以下的商品对用户来说决策成本较低，更容易被"种草"，从而完成购买，视频转化率更高。

尤其是一些实用性较强、刚需、日常生活中经常用到的产品。比如厨房清洁神器，能高效清洁厨房死角；再比如不容易滋生细菌的抹布、便宜又好看的联名垃圾袋等。

实用，价格又有优势，卖得会更好；实用但是价格很高，客户可能不会买，有流量也不会产生销售，转化率反而低了。

2 一条视频只讲一件事

拍短视频前要明确视频主题，不要想着用一条短视频就把产品所有的功能点全部体现出来，而是要在有效的时间内，通过场景化的视频，给消费者传递最有价值的信息。

在拍摄产品展示短视频之前，一定要分析清楚产品视频拍出来是给什么群体看的。了解他们的性别、年龄段、平时爱看的内容、更看重产品能为他们解决什么样的痛点等，让消费者感觉到他们的需求能通过我们的产品来解决。

比如儿童扫把簸箕套装这款商品,在一般认知中,孩子怎么会用到扫把、簸箕呢?但它在抖音上却卖了 17.4 万份!

这款商品是如何通过短视频销售的呢？一条破万赞的带货短视频是这样说的："他的问题很简单，就是他没有从小养成勤劳的习惯，也就是家里不让他干活。那这孩子就会出现什么现象？就是能不干就不干，怎么简单怎么来。如果你不聪明，然后你还不勤快，那你想以后谁愿意养着你？"。

这条带货短视频就是拍给一些关心孩子成长的家长看的，这些家长希望自己的孩子能更勤劳，动手能力更强，未来更有出息。而视频中将儿童扫把簸箕套装这款商品和孩子的勤劳习惯甚至孩子的未来联系在了一起，戳到了家长的痛点，又让家长感觉到他的需求能通过产品得到满足，因此家长下单了。

3 讲述真实的故事

几乎在所有调研报告中，影响消费者购买决策的最重要因素，都是亲朋好友的推荐以及用户评论。消费者希望看到的是买过该产品的用户真实的想法和评价。

因此在制作视频时，"三真"原理是十分有必要的，即真实人物、真实故事、真实情感。

我们的短视频需要通过一些真实的人物，讲述真实的故事，反映真实的情感，这样会更容易让用户下单。是否能把产品融入真实的内容，并且用内容去打动用户，促使其做出购买决定，是带货短视频转化率的重要参考点。

比如抖音千万粉丝账号"我有个朋友"，这个账号的视频挖掘了非常多发生在普通人身边的故事，把这些故事拍成了短视频，在短视频中自然植入了一些品牌产品，非常适合新手短视频运营者从中学习和找灵感。

选好品，一条短视频只讲一件事，把产品融入真实、有情感的内容中，做好这3点，不断优化自己的短视频，相信你的短视频转化率会越来越好。

5.2 接广告赚收益

当账号达到一定的粉丝量级，我们就可以通过接广告的形式变现。但不少短视频运营新手往往不知道在哪儿接单；或者好不容易有品牌方联系，却不知道如何报价、如何创作。别担心，本节内容帮你解决。

01 广告渠道：
想接广告赚钱？主动了解这些接广渠道

1 抖音巨量星图

巨量星图是抖音广告交易平台，也是官方推广任务接单平台。简单来理解，巨量星图就相当于淘宝，短视频运营者就是卖家，卖的是自己的视频广告推广，短视频运营者把自己的广告推广报价放在上面，就能吸引到一些买家，也就是品牌方，在上面挑适合的账号给自己的产品做推广。

想要在巨量星图上接任务赚钱，满足 1 万粉丝即可，但有 10 万粉丝才可以接抖音品牌传播任务，也就是相对于 1 万粉丝的账号，赚钱权益会多一点，且达到 10 万粉丝才能在主页显示"找我合作上星图"的这个标志。

在平台上接广告的基本流程非常畅通。首先，品牌方在星图付款下单，短视频运营者的后台就会收到任务消息。接受任务后，短视频运营者就可以按照品牌方的要求写脚本。写好脚本之后上传给品牌方，品牌方确认后即可拍视频。拍完回到任务页上传视频，品牌方确认视频之后就完成了整个接单流程。待视频发布后，系统确认任务完成，广告收入就会转到短视频运营者的星图财务里面，可以随时提现。

2 快手聚星任务

和抖音巨量星图的玩法类似，快手的官方接单平台是"快手磁力聚星"，开通条件也是 1 万粉丝，开通后就可以接到一些直播任务；但想要接到视频广告商单，则需要有 5 万粉丝，满足以后就可以在快手中接受一些客户的广告订单，接单后通过发布订单相关的视频，或通过直播的形式来帮助客户实现推广目标，就能赚取广告收益。

3 视频号互选平台

视频号的官方接单平台叫作"视频号互选平台"。视频号互选平台是品牌方和运营者双向互选、自由达成内容合作的交易平台，同样可以理解为视频号版的"星图"。在视频号互选平台上，品牌方可以根据品牌调性匹配适合的视频号运营者合作，运营者受邀后就可以为品牌方定制创意内容，赚取广告收益。

互选平台的入驻条件也是平台内的有效关注用户在 1 万及以上，只要满足条件就可以入驻，填写自己的视频营销报价，吸引品牌方投放广告，赚取广告收益。

02 报价策略：
接短视频广告如何报价？这三大坑一定要规避

短视频运营者在对接商务广告的时候，往往不知道如何报价，有时候不好意思要价，导致别人压价压得比较狠。"素人"博主在接广告时，这三大坑一定要规避。

1 被动压价

一些新手在接广告的时候，因为不清楚接广告的流程，经常会被品牌方压价。此时，最简单的应对方式就是，当有品牌方找到你的时候，直接给品牌方发送一个你的账号介绍文档，主动展示出自己的优势，让品牌方相信你的带货实力。例如，你可以在文档中标注账号的粉丝量；粉丝画像是怎样的；日常视频带货的基本数据；最重要的是一个你过去接的广告的推广数据。当把这些内容清晰地展示出来，品牌方不仅会认可账号水平，还会认可你的商业对接专业度，觉得你过去应该接过很多商务广告，这样品牌方也就不太会给你压价。

2 盲目接推广产品

短视频运营者要有一定的判断力，不要为了接广告而接广告。一定要选择自己觉得不错的良心产品，否则只会出卖粉丝对你的信任，让你的带货口碑变差。相反，如果你一直在推荐良心产品，带货口碑非常好，粉丝非常信任你，你的转化率也会更高，广告报价也可以更高。

3 合作方式不明确

新手在进行商务合作的时候，有时候会忽视合作方式，结果各种各样的协议没有敲定，导致合作不愉快。因此在合作的时候，我们一定要沟通清楚以下 11 个问题。

① 是软广还是硬广？
② 是单品还是合集？
③ 是寄拍还是送拍？
④ 是视频还是图文？
⑤ 是否需要真人出镜？
⑥ 卖点是否需要口播脚本？
⑦ 脚本要修改多少次？
⑧ 要修改几次结算方式？
⑨ 一般发布之后几日结算？
⑩ 是否给予流量的支持？
⑪ 视频需要授权展示多久？

第 5 章 · 商业变现：深度挖掘短视频的变现价值

只有把这些问题沟通清楚，才能更好地开展这次合作。为了更好地进行合作沟通，在有品牌方找上来的时候，短视频运营者可以给一份报价单，参考模板如下表所示。

广告报价单

合作形式	仅接受视频单品或合集，软广硬广都行
报价	单品××元/条；两款产品及以上××元/条 合集 坑位1：××元/条 坑位2：××元/条 坑位3：××元/条
附加条件	置顶1天+××元/条 挂购物车+××元/条，佣金××% 脚本仅修改一次 ××类产品需要先试用，再确定是否接广
平台	抖音/快手……
授权	视频可免费授权×个月

表中的单品指的是一条视频只介绍一款产品，合集就是一条视频介绍好几款产品。由于合集中包含多款产品，就涉及一定的"坑位费"，表中的"坑1""坑2""坑3"指第几个介绍，自然是第一个介绍的费用是高。

此外，注明附加条件很重要。如果品牌方让你置顶或者挂购物车的话，是可以收费的，可以加一项附加费用。还有几项也要写清楚：脚本支持修改多少次，不然碰到让你反复修改很多次脚本的品牌方，会消耗很多时间成本；你是接硬广还是软广，要不要试用，都可以明确地写清楚。至于视频授权，一般最多3个月，你可以选择加一点附加费用，也可以选择免费。

当然，如果你是"素人"博主，希望用单一合作撬动更多合作，也可以选择提升一下自己短视频的附加价值，例如，你可以免费授权3个月；支持文案反复修改；支持后续在视频中植入产品等，让品牌方在对比同类账号时可以优先选择你。

03 创意植入：
广告植入太生硬？五大策略让"种草"效果翻倍

在"刷"短视频的时候，如果广告植入太明显，用户往往看不到一秒就会划走。用户并不是冲着广告来看短视频的，广告植入如果太生硬，很容易造成用户的流失。

如何在短视频中巧妙地植入广告而不会让用户觉得厌烦呢？下文分享5种广告植入的方法。

1 剧情植入

剧情植入就是为某一产品创作一个故事，把产品的卖点和视频内容结合起来，通过创作与消费者息息相关的剧情，引发消费者对短视频的关注，强化消费者对产品的记忆，辅助销售。需要注意的是，产品和剧情一定要有关联才不会显得突兀。例如，一些情感剧情类账号经常会设计男主角给女主角送礼物的情节，此时就能很好地植入产品，哪怕用户看出来这是广告，但由于剧情情节一直在推动，用户也不会划走，甚至还加深了品牌印象，有可能冲动下单。

2 场景植入

场景植入就是将产品植入自己的拍摄场景，作为道具或者背景，在拍摄过程中可以加一点特写镜头。这样，在视频播放过程中，用户就能自然而然地对产品品牌产生印象，无形中增加品牌好感，起到很好的宣传作用。

3 体验植入

体验植入就是短视频运营者亲身试用产品，从使用产品的真实体验出发，向用户介绍产品特点，着重突出产品卖点，起到引导用户消费的目的。

这种形式在美妆、美食、服饰等领域比较常见，例如，很多美妆博主在拍摄化妆视频或者沉浸式卸妆的时候，会用到各种美妆护肤产品，此时就能给产品带来一定的曝光。对于品牌方来讲，体验植入是非常好的宣传形式，用户能感同身受地体会到产品的效果，加深对品牌的印象，如果博主很受用户信任，用户大概率会被"种草"。

4 对比植入

对比植入多用于一些做开箱评测的账号，也就是通过不同产品的对比来帮助消费者做消费决策。这类短视频的广告属性是非常强的，需要博主有一定的个人特色，能吸引用户停留。

这类视频一般不会只植入单一产品，而是植入多款产品，分别对各产品的各项指标进行评测打分，最后给出一个结论，哪一款性价比最高，每一款适合怎样的人群等。通常，短视频运营者可以在结尾给出一个选择排行榜，也可以选择主推一款产品。但需要注意的是，不要为了推荐某一款品而故意夸大效果，打压另一款产品，只有你的评测真实、实在，用户才愿意追随你的消费决策。

5 标题话题植入

除了在内容中植入广告以外，短视频运营者不要遗漏了对内容的概括性描述。短视频运营者可以在视频的封面标题上加强品牌的露出，例如，"某某品牌口红全套试色""某某品牌单品 PK 某某品牌单品"等。

除此之外，在视频的发布文案上，可以带上品牌或者产品的话题。例如华为 Mate50 新机发售，不少评测博主开始做评测推广，这个时候就可以带上"# 华为、# 华为 Mate50"。这样的话题不仅能给品牌、产品带来曝光，还能吸引到更多对该品牌感兴趣的消费者。

5.3 会引流才会赚钱

> 越来越多线下的实体店开始通过发短视频来引流用户到线下消费，给店铺带来了源源不断的客源。但不少短视频运营者会遇到这样的问题：辛苦拍摄的短视频就是引不来客户，账号也没什么流量曝光……下文从获客策略与客源增长两个方面帮短视频运营者解决这些问题。

01 获客策略：
实体店没客源？3招教你玩转商家引流号

客源问题是线下实体店的一大难题，过去，线下实体店的客源主要来自地推、发传单等方式，但在短视频时代，越来越多实体店开始做同城商家号。顾名思义，同城商家号就是服务同城用户的账号，它的主要目的就是从线上引流附近的用户到店消费，因此，它的粉丝来源越集中在一个地区越好，地区越精准就越能引流客户到店。

如何有效搭建一个同城商家号，获取源源不断的客源？短视频运营者一定要注意以下3点。

1 做好同城商家号账号包装

同城商家号的两大信息其实就展现在名字和简介，一定要在你的账号名称和简介里标注出你属于哪个城市，其次就是把你的行业名称带上。例如，某某瑜伽武汉光谷店、武汉某某舞蹈工作室－光谷店、某某烤肉店武汉汉街分店，然后简介页可以详细标注该门店的位置、营业时间及特色。当你的账号资料非常清晰之后，用户就能第一时间判断他们是否对门店感兴趣及是否要关注你。并且，当用户在搜索页搜索附近的休闲玩乐的场所时，你的内容也更容易出现在页面上。

除此之外，同城商家号最好开启企业蓝Ⅴ认证，认证后就可以直接在账号简介下展示店铺位置、门店信息，甚至官网主页、联系方式等，用户点击即可快速跳转。此外，有团购可以上架团购商品，门店多的还可以展示多家门店信息。例如，@徐记海鲜就非常注重账号主页的包装，当用户点击进入账号主页时，仿佛进入了企业官网，能看到全部团购、线下门店、粉丝群等信息。

第 5 章 · 商业变现：深度挖掘短视频的变现价值

2 打开"同城"设置

除了包装以外，在发布视频时，想要吸引更多同城的用户，短视频运营者一定要打开"同城"的开关。

- 开启账号的"同城"展示

无论是在抖音还是快手平台上，在账号后台的隐私设置中，通常有一项隐私设置是"同城展示"，将其开启后，你的作品和直播就会在同城页面展示，你的评论、关注、点赞、投稿也会展示当前位置。也就是说，只有开启"同城展示"，你的视频才会吸引到更多同城用户观看，如果你不小心关了或者没有开启这项隐私设置，会损失不少同城曝光率。

开启同城展示的操作比较简单，进入 App 的设置界面，找到隐私设置，打开同城展示开关即可。以抖音 App 为例，打开抖音 App，进入【我】界面，点击右上角的【≡】图标，即可找到【设置】选项，点击进入，选择【隐私设置】，打开【同城展示】开关即可完成。

137

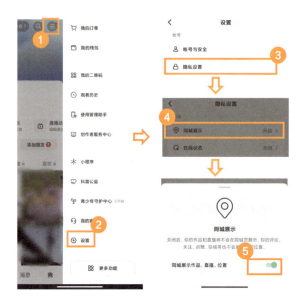

● 发布视频时显示位置

同城商家号在发布视频的时候，一定要带上你的当前位置，展示你的门店位置。这样，当用户点击视频下方的位置链接后，就能看到你的店铺信息，如果门店之前有做团购活动，下方还会直接展示团购信息及门店的评价信息，让用户产生消费欲望，从而吸引用户到店消费。

3 带上"同城"话题

除了以上两点，不少同城商家号运营者在发布视频时，往往忽视了发布文案中的位置标签。和其他账号发布内容稍有区别，同城商家号在发布文案中，除了带一些热门话题标签以外，还应该带一些城市的话题标签，例如，如果你负责运营武汉某美食餐厅的同城商家号，在发布视频的时候，可以带上＃武汉、＃武汉美食、＃武汉网红餐厅、＃武汉同城等话题标签，一般三个左右为宜，这样才能获取更多的同城流量曝光。

02 客源增长：
实体店引流没效果？做好这 3 点让你获客翻倍

上一节讲述了同城商家号的基本获客思路，但不少实体店在做同城商家号的时候，引流获客效果还是不明显。有的商家账号没有什么流量，有的有一些流量，但是又吸引不来精准客户。下文分享三大技巧，让你的获客效果翻倍。

1 蹭同城网红的流量

基本每个地区都有一些"同城网红"账号，例如 @ 武汉吃喝玩乐、@ 武汉美食等，主要推荐一些本地的店铺，所以吸引来的粉丝基本来自同一个城市，如果你在武汉本地商圈开美食餐厅，他们的粉丝也是你的潜在客户。因此，短视频运营者可以找到一些本地网红的账号，经常去他们的账号下评论互动，增加自己账号的曝光，让你附近的用户可以关注到你。

2 投放同城流量

如果有一定的资金预算，还有一个更为简单粗暴的玩法，就是投放流量，吸引附近的潜在客户。对于带了门店位置的抖音同城商家号，抖音不仅仅支持投放"账号经营"效果，还支持直接投放"门店推广"，推送带有门店位置的短视频，让周边更多感兴趣的人点击门店位置，看到你的门店页面。

无论是直接投放"账号经营"还是投放"门店曝光"，在投放时不要用系统推荐的套餐，而应该切换为自定义投放，自定义投放给你想要吸引的一类人群。我们投放的目的是获取周边的精准客户，所以投放地域一定要选择附近区域，通常可以选择周边 30 千米以内的区域。

如果你对客户性别、年龄有要求，也可以勾选上。

我们在做同城引流时，记住不需要泛流量，需要的是精准流量，哪怕流量不大，但是吸引来的用户精准，一样是超值的。

3 迭代用户画像

一些同城商家号虽然有一定的粉丝，视频流量也不错，但引流到店率却不怎么好，这可能是因为你的账号粉丝画像不够精准。例如，你是做线下美容店的，你需要的是一批有消费习惯的女性，但是你的账号吸引的却大多是男粉丝，女粉丝极少，男性对于美容的需求相对于女性要少得多，自然用户的到店率会不好。

那在这种用户不精准的情况下，如何调整呢？如何保证账号吸引到精准流量呢？掌握以下两个步骤即可。

第 5 章 · 商业变现：深度挖掘短视频的变现价值

● **找准你需要吸引的人群画像**

抖音上有一个非常好用的工具叫作"巨量算数"，可以查看抖音上某一关键词的搜索数据。打开抖音 App，搜索"巨量算数"即可找到入口。

在巨量算数上，我们可以精准查看搜索某一关键词的人群画像。例如，如果你是做二手车买卖的，那么我们就可以在巨量算数上搜索"二手车"，查看抖音上关于"二手车"的搜索指数，看看对二手车感兴趣的人群有哪些特征，以及这类内容有哪些关联的关键词。

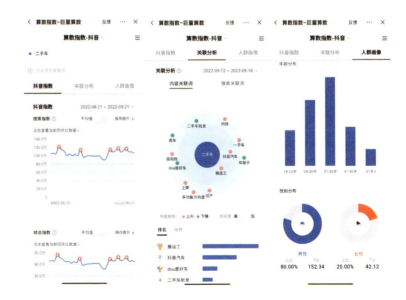

对于同城商家号的运营者来讲，重点关注"关联分析"和"人群画像"这两项指标就能指导账号用户画像的迭代。具体怎么做呢？首先，我们可以重点关注搜索这个关键词的用户的画像，如果我们账号的用户画像和搜索这个关键词的用户的画像非常一致，就表示我们的用户画像比较精准；如果差距比较大，例如男女比例相差甚远，用户兴趣也不太一致，则说明我们账号的用户画像有点偏离目标群体，吸引来的可能不是对此关键词感兴趣的用户，这个时候我们就需要迭代我们的用户画像。

● 账号日常内容带对应的话题关键词

用户画像不够精准时，如何调整？一个有效的方法就是用好巨量算数中的"关联分析"。在巨量算数中，关联分析包含"内容关联词"与"搜索关联词"，分别表示与该关键词相关的其他关键词和用户爱搜索的关键词。将这些关键词不断地植入我们的视频内容、视频发布文案中，才能保证我们吸引来的都是对此话题感兴趣的人，否则即便内容有流量也没有变现价值。

例如，如果我们是做线下瑜伽馆的，当我们搜索"瑜伽"这个关键词时，内容关联词有"好身材""普拉提""瑜伽课堂"等；搜索关联词有"在家练""高级感照片""瘦肚子"等，如下图所示。

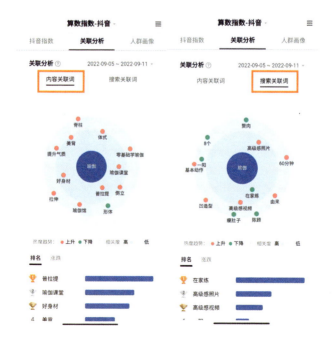

第 5 章 · 商业变现：深度挖掘短视频的变现价值

其中，离中心的圆圈越近，表示热度越高，红色表示近期热度在上升，绿色表示近期热度在下降。下边还有一个关联词排名，我们可以把排名比较靠前的几个词串联起来，作为我们视频的发布文案或者植入视频内容中，例如"普拉提瑜伽小课堂，30 天教你在家练出好身材"，这样不仅能给视频带来更多曝光，还能吸引更多对瑜伽感兴趣的目标用户。当我们不知道做什么内容的时候，就可以尝试搜搜近期大家关注的关键词是什么，通过反复植入关键词，给账号打上一个精准的标签，从而让我们吸引来的客户越来越精准。

5.4　其他变现方式

除了拍带货短视频变现、接广告变现、引流变现外，还有一些常见的与短视频结合变现的方式值得我们选择，比如直播变现、个人 IP 变现等。本小节将讲解 3 种与短视频结合的变现方式，供短视频运营者选择。

01　直播变现：
　　直播变现有哪些方式，哪一个更适合你

提到直播变现，你能想到什么？是主播通过"喊麦"获得礼物打赏？又或者主播卖产品，从中获得利益？其实在短视频平台上，通过直播变现的方式主要有三大类，短视频运营者可以根据自己的需求，选择适合自己的方式来变现。

1 泛娱乐直播变现

泛娱乐直播出现的时间最早，基本可以分为两大类：情感沟通交流直播和才艺表演直播。这类直播需要通过和直播间的用户进行互动，取得用户的喜欢，然后用户可以通过充值虚拟币打赏。比如在抖音平台，

143

用户可以充值抖币后通过抖币购买"小心心""火箭""嘉年华"等礼物，当用户将礼物通过直播间打赏给主播时，礼物换算成钱，一部分给到平台，一部分给到主播，这是泛娱乐直播的主要模式。

这类直播对主播自身要求相对较低，比较容易上手，但如果想获得更多的打赏，还是需要对自身能力进行提升。

想要获得用户打赏，泛娱乐主播需要具备的基本能力如下表所示。

泛娱乐主播基本能力要求

才艺表演能力	会唱歌、跳舞、乐器等
沟通表达能力	在聊天时给用户提供更多情绪价值，如帮用户解压
粉丝号召能力	主播在直播间表演才艺的同时，对自己的粉丝进行打赏召唤，赚取更多打赏收入

2 游戏直播变现

在泛娱乐直播之后，逐渐出现了一种新的直播方式，即游戏直播。它与泛娱乐直播的区别是，用户通过直播间看到的是主播操作的游戏界面，是主播的游戏技术，而非直播的人。

这种直播主要是靠用户打赏和二次收入盈利，也就是将优质的直播内容直接剪辑制作成短视频，然后发布在各个短视频平台，获得平台的佣金和二次曝光打赏。

这种直播方式有着明显的局限性，即用户群体比较固定，通常为喜欢游戏、打游戏的人。但这类直播也有自己的优势，那就是用户的"黏性"一般较大。

想要实现更好的变现效果，游戏主播需要具备的基本能力如下表所示。

游戏主播基本能力要求

游戏技术能力	对游戏有一定的见解，热爱游戏，且游戏水平中上
直播互动能力	善于调动现场气氛，尽可能增加与粉丝间的交流，提高每个人的参与感
个人特色	有一定的个人特色，能让更多人记住你，可以设计自己的口头禅

3 带货直播变现

抖音、快手等短视频软件的崛起带动了新的直播方式——带货直播。顾名思义,就是通过直播进行货品的售卖。

● 直播带货的 3 种变现模式

① 纯佣金 CPS

CPS(Cost Per Sale),是以实际销售数量来换算广告刊登金额。按销售付费,按销售分成,简单点说,就是你帮助商家销售产品,赚取一定比例的佣金。

自从各大短视频直播平台开启直播购物车功能后,"直播 +CPS"的带货模式就已经成为直播带货最主要的变现手段之一。

主播直接在分销平台,比如抖音的精选联盟里,通过产品关键词查找高佣金的产品进行带货即可。当然,一些有议价权的头部大主播,也会直接与商家谈高比例的佣金。

② 坑位费 +CPS

考虑到产品的推广效益,一些商家会选择有一定粉丝基数和流量的账号来合作。如果想让这些有一定粉丝的网红主播帮商家带货,那么商家会支付给主播带货的费用,也就是我们常说的"坑位费"。坑位费与主播的知名度成正比。比如罗永浩首次在抖音直播时,每款产品的坑位费是 60 万元,直播后,再根据用户点击产生的实际销售数量收取佣金。

③ 连麦引流带货

所谓连麦带货就是通过连麦砍价的方式,"引爆"直播间,从而完成销售转化。具有流量的主播和需要流量的主播或商家进行连麦引流,收益一般为"一次性费用 + 打赏"。变现模式主要是连麦给商家的直播间引流并配合砍价。整个砍价过程会让用户切实感受到产品的优惠力度和性价比,从而刺激用户下单。

直播带货的这 3 种变现模式,分别适合什么类型的主播?

① CPS 更适合新手主播,这种模式可以帮助新手主播快速解决没有货源的烦恼。

② "坑位费 +CPS" 适合具有稳定带货能力、有一定知名度的达人,

比如罗永浩、大狼狗夫妇、陈三废 gg、朱瓜瓜等。

③ 连麦引流带货则适合本身就有很大流量的主播。

带货主播需要具备的基本能力如下表所示。

带货主播基本能力要求

强大表现力	主播的表现力主要表现在语言、表情、动作3个方面，让用户更有体验感，促使用户下单
节奏把控力	能使整场直播张弛有序地进行，包括卖货节奏的把控、讲解时间的把控、直播间气氛的把控等
话术设计能力	主播的话术设计决定了用户购买的欲望，优秀的主播拿到产品后，会知道从哪几个方面来讲产品，用什么话术来做营销，使产品利益最大化，从而让用户在最短的时间内形成转化

泛娱乐直播、游戏直播、带货直播，运营者需要根据自己的优势和喜好来选择直播变现的模式，才能越做越好。

02 知识付费：
知识 IP 如何做短视频知识付费，放大收益

知识付费，即用户为有用的知识付费。因为知识付费产品本身为虚拟产品，用短视频促使用户购买，实现知识付费变现并不容易，但短视频可以成为知识付费变现的引流渠道。

利用短视频实现知识付费变现的基本逻辑是，短视频运营者预先设计合适的知识付费形式，借助有吸引力的知识型短视频吸引用户关注，再引导有需求的用户通过其他方式为更有价值的知识付费。

目前，短视频创作者可以借鉴的知识付费变现方式主要有以下3种。

1 网络课程变现

现在，越来越多的人借助网络课程学习更多的生活和工作技能，而网络课程也以性价比高、自由度高的核心优势，成为移动互联网时代的新型学习方式。

短视频创作者可以通过定期更新的短视频，向用户展示网络课程中的部分内容，吸引用户购买。

例如，抖音账号"秋叶Word"定期发布以Office使用技巧为核心的职场小故事短视频，同时将系统化的Office学习方法做成了"和秋叶一起学Office网课"，并展示在橱窗中。这样，"秋叶Word"就能用短视频吸引想要学习Office技巧的用户关注。这些用户若是想要系统化地学习Office技术，就可以通过橱窗购买网络课程，学习课程知识。

课程变现的关键在于课程内容设计。有付费价值的网络课程往往具有较强的专业性，对于用户来说，知识的专业性越强，其价值就越大，越值得付费观看。

但并非所有与专业有关的知识都可以卖给用户，只有专业知识与用户的生活和工作紧密相关，可以帮助其获得知识或技能等方面的提升的网络课程才能吸引用户，如企业管理、沟通逻辑、办公技巧、法律、金融等。同时，课程内容还需要有一定的稀缺性。现在的网络资源十分丰富，随处可见的碎片化专业知识并没有太高的付费价值，只有稀缺的、系统化的专业知识，才能激起用户付费学习的兴趣。

短视频运营者在完成课程设计和录制之后，需要通过有吸引力的短视频找到目标用户，引起用户关注，再借助符合其特质的课程内容和交流氛围增强用户黏性，从而实现后续的课程知识付费变现。

2 咨询服务变现

咨询服务变现，是指咨询师运用专业知识、技能、经验等，为个人或组织提供方案或帮其解决问题，从而获得收益。通常情况下，一次咨询的费用可以达到成百上千元，甚至更多。可以说，咨询服务变现是一种比较高效的变现方式。

目前比较热门的咨询服务类型有职业生涯咨询、律师行业业务咨询、心理咨询、健康咨询、情感咨询等。例如抖音账号"拜托了包包大人"，其发布的短视频多以"如何实现转型逆袭"为主题，介绍和分析各种类型的职场人如何进行职业的规划和转型。

除了在视频中分享了很多自己提供咨询，帮助学员转型的案例外，其账号主页背景图上还有一个微信号，用户可以通过微信号预约进行更详细的付费咨询。

由此可见，利用短视频实现咨询服务变现，并不是在短视频平台为用户提供咨询服务，而是先用免费的短视频内容吸引用户关注，获得用户的认可，再引导用户通过其他方式进行在线一对一的付费咨询。

第 5 章 · 商业变现：深度挖掘短视频的变现价值

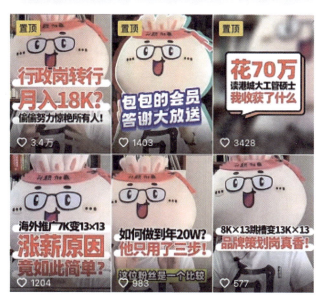

基于这一逻辑，短视频的内容对于实现咨询服务变现就比较重要了。短视频运营者需要创作能呈现某一领域专业知识的短视频内容，如可以就某一群体共有的痛点发表专业而独特的见解，向用户证明自己的专业能力，吸引有更多痛点需求的用户通过付费咨询来获得更加深入的剖析和解决方案。

3 出版图书变现

出版变现，主要是指通过出版图书获得相关收入的变现方式。图书出版与短视频看似是两个完全不同的行业，但两者却有一定的共性，都以内容为核心。图书承载的是系统化的内容，短视频承载的是碎片化的知识。在"内容为王"的时代，优质的内容可以做成简短、轻松的短视频内容，也可以做成系统、严谨的图书内容。短视频可以为图书出版积累用户基础，图书出版可以扩大短视频的影响力。

短视频运营者若想要实现出版变现,需要从一开始就策划和创作知识型短视频内容,靠"长知识"的需求来吸引用户;在积累大量用户之后,再用出版图书的方式输出更系统化的知识,实现出版变现。例如,账号"秋叶PS",以"Photoshop实用技巧+剧情演绎"的形式在抖音分享Photoshop实用方法,积累了数十万粉丝,随后出版了"秒懂Photoshop"系列图书。该系列图书通过短视频的方式销售,获得了不错的销量。

相对来说,出版变现的门槛更高。短视频运营者除了需要在某一领域具备专业知识、被认可的身份及较大的用户群体外,还需要具备渊博的知识、较强的图书策划能力和一定的写作能力。

第 6 章
危机处理：常见运营危机应对策略与"避雷"指南

短视频运营者经常会遇到这样的问题：辛辛苦苦做好的短视频，发布后却被平台判定为违规；好不容易发布了一条高质量的视频，获得了超多点赞，结果发现自己辛苦创作的作品被抄袭了……为了不让你的时间和心血白费，本章将从常见运营危机应对策略与"避雷"指南两个方面，帮你快速了解并解决这些问题。

6.1 5个常见运营危机处理

将视频发布至平台后,短视频运营者的工作就完成了吗?答案当然是——还没有!短视频运营者在发布视频后经常会碰到一些危机,比如账号收到违规预警,账号被限流了,账号内容被抄袭了等。如何提升危机处理能力,快速处理常见的运营危机?本节将教你5个常见运营危机的处理方案,帮助你提升危机处理能力!

01 违规预警:
账号收到违规预警?教你两步消除预警

在抖音平台通过短视频带货的运营者很有可能会遇到这样的问题:"抖店"后台的消息中心突然收到了违规预警通知。这个时候你可要注意了!首先要先搞清什么是违规预警。

目前违规预警分为两种,分别是即将违规预警,被称为"前置预警";和已违规未落罚前的整改预警,被称为"后置预警"。

前置预警:在商家即将违规时,及时发送预警,提醒运营者该情况,运营者需及时做出整改动作,避免实际违规。比如你通过短视频带货了,但发货超时,系统会在违规前24小时提醒运营者尽快上传单号,避免实际违规。

后置预警:如果运营者由于对规则不熟悉或在无主观故意的情况下产生了违规行为,平台将结合运营者违规程度,给予运营者在特定时间内整改的机会。比如带货商品的类目错放,平台发现违规行为后,会发预警单,提醒运营者在特定时间内进行整改。

发布后的预警单有以下4种状态。

● **预警中**:在此状态下,代表预警单在预警期内,可进行相应的整改动作。

● **复检中**:在此状态下,代表预警期已结束,再进行整改视为无效,

第 6 章 · 危机处理：常见运营危机应对策略与"避雷"指南

需耐心等待复检结果。

● **已违规**：在此状态下，代表未在预警期内进行整改或整改失败，已经生成对应罚单。

● **已撤销**：在此状态下，代表在预警期内整改成功，预警单已撤销。

这里一定要注意，预警是有时效的，超过时效再进行修改即为无效。那应该如何修改呢？

步骤 1 进入"抖店"平台。点击【奖惩中心】→【体验中心】→【预警中心】，同时要注意预警开始和预警结束的时间，及时整改。

步骤 2 找到预警详情。将【预警状态】改为【预警中】，点击预警单中的【预警详情】，根据预警详情及整改办法进行整改即可。

02 限流解封：
账号被限流？做好这 3 点快速恢复播放量

账号被限流对于很多短视频运营者来说，是一件非常头疼的事。账号收到违规预警会被限流，有时候没有违反平台规则也没有流量。这个问题不仅是每个新手都会遇到的坎，很多有经验的短视频运营者也会经常"踩坑"。我们该如何解决限流的问题呢？教你做好 3 点，快速恢复播放量！

首先我们需要明确，什么叫限流？以下两种情况证明账号被限流了：第一，发布的作品在 24 小时后，仍然没有达到账号视频的平均浏览量（新开通、没有粉丝的账号浏览量低，并不算作限流，这种情况只属于单纯的账号流量低）；第二，作品发布后收到了平台"内容违规限流"的通知。只有以上的两种情况属于限流。那么限流要如何解决呢？

1 检查是否有违规内容

如果后台收到了平台限流的通知，证明肯定是发布的短视频的内容本身出问题了。所以需要全面检查短视频质量：短视频中是否出现了违规敏感内容，触及了平台底线；是否有过于直白的广告、营销信息等。

短视频创作者需要根据平台的违规限流通知，反复排查这些会造成视频限流的问题，然后调整或删除违规视频。

2 检查是否有违规操作

比如大量"刷赞""买粉"、互赞，直接搬运其他人创作的视频，这些都是违规行为。短视频运营者千万不要有这些操作。有很多人遇到过这种情况，花了钱找第三方"买粉"，结果买来的所谓的粉丝全部被平台清理重置了。

就算没有被重置，买来的粉丝质量也比较低，无法贡献播放、点赞、评论等数据，如果买的量还比较大，那么账号就很难再有流量，只能

第6章 · 危机处理：常见运营危机应对策略与"避雷"指南

重新再做一个账号了。

3 保持账号垂直度

短视频垂直度的意思是对发表某一领域内容的专注程度。平台会根据你发表的内容给你打上"标签"，之后就会根据"标签"来给你推荐用户。如果你发的内容杂乱无章，每天换一个领域，算法机制就无法给你推荐精准的用户，推荐给你的用户对你的视频不感兴趣，那短视频的完播率、评论率低，自然推荐率，包括我们的播放量就更加上不去了。

所以做短视频前，短视频运营者需要明确自己的定位，确定自己想要做的账号类型，找同类型的大号，看他们是怎么做的，多学习、研究和创作，这样流量才会慢慢增加。

03 抄袭危机：
辛苦创作的作品被抄袭？3招教你维权处理

我辛苦做了几天的视频被抄袭了，应该怎么办？
有人把我的作品搬运到了他的号上，我的创意谁来保护？
有账号批量搬运我的视频，假冒我赚取利益，要去哪里投诉？
……

如果你也遇到了这些问题，本小节的内容会用3招，帮助你处理这些抄袭危机，高效维权！

不管是哪个短视频平台，都会打击抄袭、搬运等著作权侵权行为，官方也都会提供投诉举报抄袭行为的入口。我们以抖音平台为例，如果你遇到以下几种场景，可以采取不同的方式维护自己的创作权益。

1 "刷"到一条抖音，它竟然盗用了我的视频

步骤1 找到视频举报页面。在短视频观看界面，点击"分享视频"图标，选择【举报】，手机将直接跳转到视频举报页面。

步骤 2 找到证明材料提交入口。在【侵犯权益】中选择侵犯的具体权益，如作品被抄袭、搬运就选择【著作权（本人作品被盗用）】，接下来上传权属证明材料等即可。

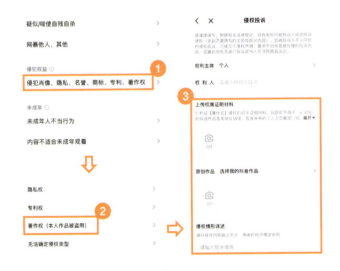

2 "刷"到一个账号，批量盗用了我的内容，完全是我账号的翻版

步骤 1 直接举报账号。若有账号批量盗用你的内容，可以直接举报该账号，进入该号主页，点击右上角的【…】，选择【举报】。

第6章 · 危机处理：常见运营危机应对策略与"避雷"指南

步骤2 找到证明材料提交入口。选择【用户举报】→【冒充他人】，接下来按要求提供证明材料即可。

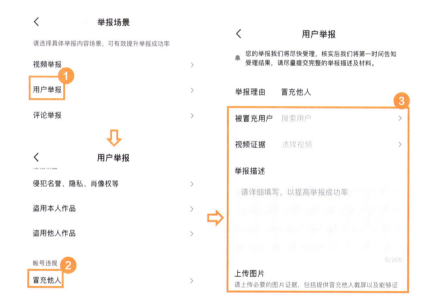

3 我是粉丝数超过一万的大V，各平台上都有人搬运我的视频

抖音平台联合 12426 版权监测中心和北京版权监测中心，为优质原创作者搭建了版权保护和维权平台，可以提供免费的多平台侵权监测及维权服务，目前向粉丝超过一万的短视频账号开放。

步骤1 找到创作者服务中心。点击抖音 App 个人主页右上角的【≡】，选择进入【创作者服务中心】。

步骤2 加入创作者联盟。找到【维权管理】，点击【加入原创者联盟】按钮，即可加入。

加入计划后，平台会提供覆盖全网20个平台（基本覆盖目前主流短视频App）的侵权线索监测并快速投诉侵权内容。

以上3种在平台内部处理被侵权问题的方法如果还是无法解决问题，那就需要短视频运营者保留视频截图、链接、发布日期等证据，以便后续确定侵权事实，然后聘请专业律师来解决问题了。

第 6 章 · 危机处理：常见运营危机应对策略与"避雷"指南

04 侵权风险：
运营中面临侵权风险？这样应对避免纠纷

短视频运营者在制作视频时，通常需要搜集大量的素材后再展开创作，但在素材收集的过程中，稍有不慎就会面临侵权风险，导致严重后果。那该如何运营账号才能避免侵权纠纷呢？本小节将为你揭晓答案。

在短视频从策划、拍摄到后期制作的成片过程中，会存在两大类侵权风险：一类是著作权侵权，一类是人格权侵权。

1 短视频的著作权侵权

直接搬运他人的视频发布在自己的账号上谋利，就构成了侵权；未经授权就剪辑、改编、二次创作他人的作品，构成部分侵权，比如使用他人短视频作品中的付费字体、图片、版权音乐等。

2 短视频的人格权侵权

短视频在策划及剪辑阶段，都要注意尊重他人人格权。未经他人允许在短视频中使用他人形象、暴露他人隐私，很有个能会触犯人格权。按照《中华人民共和国民法典》的相关规定，人格权涉及肖像权、名誉权、隐私权及个人信息。

对于侵权风险，提前规避好过事后弥补，但如果已经不小心构成了侵权怎么办呢？

3 侵权后的应对

接到侵权信息后，首先要及时跟相关人员进行信息对称，了解对方诉求，尽可能了解全面、真实的信息。

接下来，需要判断构成侵权的概率，如果尚存在可抗辩的事由，可以临时隐藏视频；如果确认已经构成了侵权，则需要及时删除视频，减轻视频给被侵权人造成的损失，也是减轻自身承担的责任。

同时，也要与相关运营人员探讨，是否有必要采取公开道歉等相关公关措施。当然这类措施不是必须的，需要综合考量各因素再做决定。

05 "黑粉"攻击：
遭遇"黑粉"攻击？3个妙招教你"反黑"

长期做短视频，难免会碰到一些"黑粉"，很多短视频运营者都不知道怎么应付"黑粉"，反而被"黑粉"弄得心态崩塌，影响自己的心情及后续的创作热情。本节就教你3个妙招，快速应对"黑粉"攻击！

1 冷处理，无视"黑粉"

"你没法叫醒一个装睡的人"，在评论区恶意攻击你的"黑粉"，大多是为了发泄自己的情绪，你和他讲道理是没有用的，反而还给了他"刷"存在感的机会。放平心态，选择冷处理，无视"黑粉"，这样不影响自己的心情，也不影响更多粉丝的观看效果，反而更轻松。大部分"黑粉"看没有人回应，自己觉得没意思，也就不说话了。

2 举报 + "拉黑"

面对言语过分，且长期骚扰短视频运营者的"黑粉"，可以直接选择举报 + "拉黑"。长按评论，然后点击【举报】，选择对应的评论举报类型，就可以让短视频平台去处理恶意评论。

第 6 章 · 危机处理：常见运营危机应对策略与"避雷"指南

还可以选择进入"黑粉"账号主页，点击右上角的 ，直接拉黑"黑粉"，让"黑粉"无法看到你账号的作品。这样可以快速处理"黑粉"，而不浪费自己宝贵的创作时间。

3 恰当应对，变废为宝

如果短视频运营者有很好的心态与足够的智慧，也可以选择回复"黑粉"，把坏事变好事。比如"黑粉"说"你的声音太难听了，我听不下去"，这时短视频运营者可以回复"哎呀，听说课讲得好的老师，普通话一般都不太好"；"黑粉"说"你长得好丑"，这时短视频运营者可以回复"不要关注我的颜值，关注我的才华才能帮到你更多"。

"黑粉"之所以疯狂攻击是因为他们发现这样能伤害你，如果我们自己能一笑了之，恰当应对，反而能让其他用户觉得你很有魅力，从而被"圈粉"。

6.2 三大运营"避雷"指南

想要做出能"涨粉"、能变现的短视频,最基本的要求是不能触犯平台规则。一旦触犯了规则,用再多的短视频创作技巧,都是无用功。如何掌握平台规则,避开平台规则"雷区"?本节将教你3个技巧,帮助你快速"避雷"。

01 行为规范:这些内容可能被判定为违规,一定要规避

"我发的视频太普通了,不如视频里假装打一架,吸引一下流量。"
"编故事卖惨试试,我妈八十多了,让她来配合拍一个。"
"××发的视频不错,我直接拿来抄一下试试。"……

这些"创意"看似能博眼球,获得流量,但事实上不但会引起平台用户反感,而且已经违反了短视频平台的规则!

以下7类常见的高频违规问题,能帮助你高效了解目前短视频平台的创作规则,避免违规"踩雷"。

1 暴力演绎

● **什么是暴力演绎**

为获取流量和关注,在视频中采用辱骂、殴打等博眼球元素演绎暴力剧情的行为,都属于违规行为!

● **具体表现有哪些**

① 通过诅咒用户的语言进行视频演绎,从而获取流量。
② 通过重摔、怒砸、剪、砍等破坏的方式博眼球。
③ 通过贬低、殴打、辱骂、虐待等方式博眼球。
④ 通过呐喊、嘶吼、表情过度夸张的方式介绍产品和价格,并引起不适。

第 6 章 · 危机处理：常见运营危机应对策略与"避雷"指南

⑤ 通过制造矛盾等方式博眼球。
⑥ 通过黑社会、借贷等情节来带货。
● 正确方法是什么

文明且正确地传达商品价值，让用户感受到内容、商品、活动和促销的真实性。

2 卖惨演绎

● 什么是卖惨演绎

为吸引用户注意，通过哭喊、夸张剧情等卖惨式演绎，博取用户同情，以此售卖商品的行为，属于违规行为。

● 具体表现有哪些

① 故意渲染悲情色彩，编造悲惨故事。
② 运用老人、残疾人等弱势群体角色，通过夸张当前处境引起共情。
③ 以工厂倒闭、破产、停工等内容卖惨。

● 正确方法是什么

不刻意卖惨以博取同情，应通过传递真实、有价值的商品活动信息，来赢得用户对商品的信任。

3 炒作演绎

● 什么是炒作演绎

通过以超出普通用户认知或违背正确价值观的夸张演绎形式展示商品效果等炒作式演绎售卖商品的行为，属于违规行为！

● 具体表现有哪些

① 为了卖货夸张宣扬不正当男女关系、婆媳关系等，比如夸张宣传小三、不伦等。
② 展示大额现金：如在马路上捡到的衣服内有大额现金，且表演浮夸、不真实。
③ 设计极其夸张的剧情：如在制作商品时，员工在商品内塞入大量现金。

● 正确方法是什么

设计合理的视频情节，通过优质内容和表现力来获得互动和流量。

4 危险行为

● **什么是危险行为**

无视安全问题,通过高难度、高风险、高危害性的危险行为来博眼球,属于违规行为。

● **具体表现有哪些**

① 吃有毒活物、大量食物等危险行为,如吃活蜈蚣、活壁虎、活蝎子等危险有毒活物,或者通过夸张地吃大量食物,与正常人进食情况严重不符合。

② 医疗性质危险行为,如在不符合科学医疗的情况下,进行打针或吃药表演。

● **正确方法是什么**

加强自身的安全意识,时刻牢记责任和安全,尊重社会公共安全的底线;任何行为都要确保安全、遵守公序良俗,认识到危险行为会对用户产生不良影响。

5 假冒侵权

● **什么是假冒侵权**

抄袭、搬运、盗用他人视频,直播录屏,及仿冒官方标签或假冒专业人士等侵权、假冒行为,属于违规行为。

● **具体表现有哪些**

① 侵权抄袭行为。

② 仿冒官方标签、假冒专家人士。

● **正确方法是什么**

拒绝抄袭或照搬他人创意内容,坚持原创,坚持创新,不私自伪造官方标签、假冒专业人士,向用户展示真实账号身份,传递真实科学信息。

6 低俗宣传

● **什么是低俗宣传**

色情裸露或者有软色情嫌疑的演绎和行为,属于违规行为。

第6章 · 危机处理：常见运营危机应对策略与"避雷"指南

● 具体表现有哪些
① 言语低俗：在视频中说低俗或打擦边球的话语。
② 穿着低俗：穿着过度暴露的着装。
③ 行为低俗：做出低俗或打擦边球的动作。
● 正确方法是什么

穿着适宜的服装，用合适的行为展示商品，设计健康的视频内容，切勿为了博眼球做出低俗不雅动作，凭实力带货。

短视频运营者在进行视频创作时，务必要避开以上7类常见的违规行为，才能避免"踩雷"，更好、更快地完成短视频的创作。

02 发布准则：
短视频数据不理想，不建议重复发布

很多运营新手会遇到这样的问题：辛苦做出来的短视频发布出去后，点赞、"涨粉"、变现的数据都不理想，这个时候发第二遍有没有用呢？

答案是没有用！

同一条视频不建议重复发布，如果视频发布后1～2天的数据不太理想，直接重新发布是无法提升视频数据的。

那为什么网络上有人说自己的视频重复发布了两次后，数据得到了提升？有两种可能性。

1 第一种：极小概率事件

你觉得别人第二次发的数据更好，只是因为你能看到的是1%被发布出来数据好的视频，剩下99%重发的视频数据都不好，只是你没看到而已。

2 第二种：对视频进行二次创作

有一部分短视频运营者第二次发布视频时，并不是原封不动地发布原视频，而是删除原视频后，对原视频进行了二次创作和优化。例如，更改原视频的文案、音乐、标题、剪辑节奏等，以此提升视频的质量，所以第二次发布的视频数据变好了。

如果短视频本身的内容不好，又不做改变，就是重发 100 遍也无法提升数据，甚至很有可能因为重复发了两遍，被平台判定为搬运视频而导致违规或者封号。

因此广大短视频运营者要记住，短视频平台的本质是内容创作平台，努力提升内容质量，才能让你的视频数据越做越好！

03 违规检测：
用好这 3 个敏感词监测工具，可有效"避雷"

你有没有遇到过作品通不过审核、作品不宜展示的情况？你以为自己不知不觉中触碰了敏感词、违禁词，但反复自查后，还是怎么都找不出到底哪一个词语违禁了。短视频中有违禁词会严重影响短视频的发布及发布后的视频数据！用好以下 3 个工具，能帮助你提前测试视频有没有违规，轻松通过平台审核！

1 工具一：抖影课堂

步骤 1 进入"抖影课堂"小程序。在微信的【发现】页面中点击【小程序】，点击右上角的 🔍 图标，在搜索框中输入"抖影课堂"后，点击"抖影课堂"进入小程序。

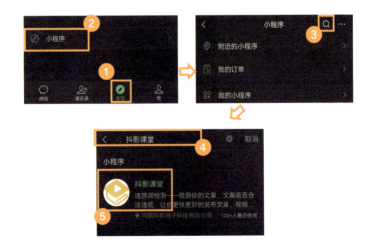

第 6 章 · 危机处理：常见运营危机应对策略与"避雷"指南

步骤 2 开始检测敏感词。将文案复制粘贴到文本区，点击【文字检测】→【查看违禁词】，就可以看到需要修改的文字了。

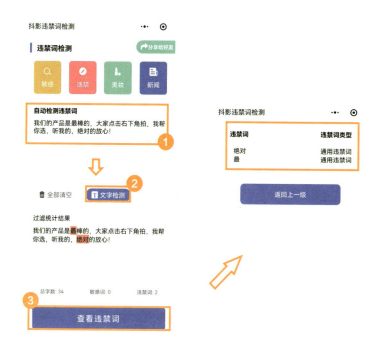

2 工具二：新广告法违禁词查询工具

步骤 1 网页搜索"新广告法违禁词查询工具"。

步骤2 开始查询。点击进入网页,输入文字,点击【查询】。

3 工具三:句易网

网页搜索"句易网",句易网不仅可以查询标题、文案中的违禁词,还可上传图片检查图片是否违禁。